한국 서민생활사의 전개 I

도서해양학술총서 27

한국 서민생활사의 전개 I
산과 들과 바다에서

초판1쇄 발행 2014년 1월 31일

지은이 이혜연 **펴낸이** 홍기원
편집주간 박호원 **총괄** 홍종화 **디자인** 정춘경·이효진
편집 오경희·조정화·오성현·신나래·정고은·김정하·김선아
관리 박정대·최기엽
펴낸곳 민속원 **출판등록** 제18-1호
주소 서울 마포구 대흥동 337-25 **전화** 02) 804-3320, 805-3320, 806-3320(代) **팩스** 02) 802-3346
이메일 minsok1@chollian.net, minsokwon@naver.com
홈페이지 www.minsokwon.com

ISBN 978-89-285-0550-0 94380
      978-89-285-0184-7(세트)

도서해양학술총서 27

한국 서민생활사의 전개 I
산과 들과 바다에서

이혜연

민속원

머리글

우리는 우리의 전통문화와 서민들의 생활사를 얼마나 알고 있을까.

전통사회를 살아온 우리의 조상들은 자연과 더불어 살며 생업을 꾸려왔다. 전통사회에서 농업은 기본이다. 쌀과 보리를 주식으로 하는 전통사회에서는 주곡생산을 위해 섬에서도 농업은 이루어졌고 농사는 절기에 맞추어 이루어졌다. 조선시대 이후 이어져온 전통사회의 사람들은 자연의 이치를 알고, 자연의 자원을 이용하고 자연으로부터 여러 가지 혜택을 받으며 살아왔고, 자연도 사람의 손길이 닿아 가꾸어짐으로 자연의 생명이 순환되었다.

이 책에서는 이러한 전통사회에서 생업을 꾸리고 살아온 지역의 보통사람들의 삶과 생활에 대해 고찰한다. 그래서 이 책의 내용은 서민들의 생활사다. 전통사회의 생활사 중에 사라진 것도 있지만, 서민 생활사는 지금 기억하고 있는 분들이 살아온 그들의 삶이고 그들이 기억하는 한 살아있는 역사다.

서민 생활사는 교과서에 없는 내용이 많다. 지역마다 땔감을 조달하던 산과 거기서 채취하는 땔감의 명칭이 다양하다. 전통사회의 사람들은 어떻게 산을 가꾸고 산야를 이용해 왔을까. 밭농사에서 파종을 고랑에 하는 지역과 두둑에 파종하는 지역이 있다. 논농사에서는 논의 명칭과 논의 종류 그리고 농법이 다양하다. 도구의 명칭도 다양하다. 산촌 사람들은 산을 어떻게 일구고 산야를 이용하며 살아왔고, 바닷가의 갯마을 사람들은 개펄을 어떻게 개척하며 살아왔을까. 산과 들, 그리고 개펄에서 논밭을 일구고 살아온 전통사회 사람들의 이야기를 현지 분들의 사례를 바탕으로 고찰한다.

생활환경의 개선과 소득증대를 도모한 1970년대의 새마을운동은 전국가적으로 서민 생활사를 전환시키는 커다란 중심력이 되었다. 해방과 한국전쟁 이후의 한국은 경제성장을 위해 분투했고 앞만 보고 달려왔다. 그래서 '한국의 기적'이라고 불리는 경제성장을 이루었다. 그러나 잃은 것도 많다.

이 책에서는 기계화되기 이전의 전통사회에서 살아온 우리 조상들의 삶을 엮었다. 전통사회는 서로가 어울려져 서로 돕고 사는 공동체 사회다. 어려운 환경에서 살아온 선인들의 삶의 지혜가 있었고 풍족하지 않았지만 행복의 가치는 높았다. 이 책이 풍족하고 편리한 현대사회에서 살고 있는 우리가 배울 것은 무엇일까를 생각해 보는 계기가 되기를 바란다.

지역의 사투리와 방언에는 그 지역의 문화가 담겨있고 정감을 느끼게 한다. 그래서 필자는 지역의 사투리와 방언이 좋다. 이 책에서는 가능한 현지 분들이 사용하는 지역어를 살려서 표현했다.

본문은 한글을 기본으로 하지만 이해를 돕기 위해 필요에 따라 한자를 병기倂記한다. 그리고 이 책에 사용하는 사진, 그림, 지도, 표 등의 자료 화상畵像은 '도圖'로 나타낸다.

차례

제2부 부안 사람들의 생활사

제3부 보성 사람들의 생활사

제4부 의성 사람들의 들조직

제5부 부안 사람들의 소금의 생산기술과 민속

부록

제1부

산야이용의
생활사

전통사회의 사람들은
지리환경적 자연을 이용하며
자연과 함께 살아왔다.
안성의 사람들 또한 안성의 산과 들과
하천을 이용하며 살아 왔다.

경기도 안성시는 바다와 접하지 않은 내륙 지역이라서 안성의 사람들은 논과 밭에서 곡물을 수확하고, 산의 자원을 활용하며, 하천에서 고기를 잡았다.

전통사회에서 사람들이 어떻게 살아 왔는지, 그들의 생활과 문화를 고찰하는 데 산야이용에 대한 연구는 중요하다. 바닷가에 산다고 산이 무관한 것은 결코 아니다. 산야이용에 대한 구체적인 연구를 통해서 그 당시의 농업, 경제, 사회의 일면을 볼 수 있다. 또한 그 지역의 운반 문화에 대해서도 알 수 있다.

안성에서 살아 온 사람들은 산야의 자원을 어떻게 활용해 왔을까. 안성 내에서도 산촌과 평야 지대에서 산야를 이용해 온 방법에는 각각 차이가 있다. 농촌 생활과 산야의 이용, 그리고 다양한 산야 자원의 활용 방법에 대해 사례를 중심으로 살펴보고자 한다.

제1장

안성 사람들의 산야이용

안성시는 경기도에서 최남단에 위치한다. 행정구역은 2011년 현재 1개의 읍과 11개의 면, 3개의 동으로 구성되어있다. 지형적으로는 동북이 높고 서남에 평야지대다. 동단에 위치한 일죽면에서 이어지는 죽산면과 금광면에는 산맥이 연결된 산촌지역이고 서남쪽의 미양면과 공도읍은 평야지역이다.

1. 땔감조달과 나무장사

한국의 전통 가옥의 난방 구조는 온돌이다. 따라서 땔감은 생활의 필수품이다. 연탄이 나오기까지 주된 연료는 산야에서 조달하는 땔감이었다. 안성에서는 주변 산야의 활용 방법과 마을의 지리환경적 조건에 따라 땔감을 조달하는 방법이 달랐다. 산촌지역과 평야지역은 땔감조달의 조건이 다르다. 사례를 통해서 각 마을의 땔감조달의 특성을 살펴본다.

〈사례 1〉 일죽면 방초리 초막골의 손종빈씨(1925년생, 남)

일죽면은 안성시 동북쪽에 위치하고 이천시와 인접해 있다. 방초리는 일죽면의 가장 서쪽에 있는 마을로 살터, 초막, 주평, 오방 마을이 있다. 주평 마을은 예전에는 '벳두리'라고 불렸다. 방초리 사람들은 구역 내에 있는 대덕산에서 땔감을 조달했다. 대덕산은 군산郡山(군 소유의 산)이다. 나무를 함부로 벌목할 수 없다.

땔감을 조달하기 위해 각 마을 이장들이 동네 규모에 따라 대덕산의 영역을 나누었다. 각 마을 사람들은 배분된 구역에 가서 땔감을 채취했다. 장작은 할 수 없고, 조선낫으로 죽은 나뭇가지인 '삭장구(삭정이의 이 지역말)'를 베거나 낙엽을 갈퀴로 긁어서 지게에 지고 왔다. 음력 10월부터 다음해 봄까지 제각기 땔감을 채취했다. 음력 10월 전에는 산에 풀도 못 깎았다. 산에서 땔감용 풀이나 나무를 채취하는 것을 '깎는다'고 한다.

〈사례 2〉 대덕면 모산리 하모산의 안용철씨(1938년생, 남)

땔감을 조달하는 산을 '말림'이라고 한다. 음력 7월에 땔감을 채취했다. 이를 '칠월비' 또는 '칠월나무'라고 한다. 논에 모를 심고 나서 세 번의 논매기를 하는데 이를 '아시(애벌매기)', '이듬', '세벌매기'라고 한다. 논매기는 음력 6월 말이면 끝난다. 음력 7월이면 농사가 한가해져서 땔감을 채취하여 겨울 연료를 준비한다. 떡갈나무와 같은 낙엽수의 낙엽('갈푸데기'라고 함)과 소나무를 가지 쳐서 7월에 깎아 놓았다가 마르면 산에서 집으로 운반하여 겨울 땔감으로 이용했다.

안씨는 자신이 소유한 '작은 대덕산' 3정보(1정보는 3,000평)에서 땔감을 조달했다. 이곳에서는 1년에 120~130동(다발) 정도의 땔감을 채취할 수 있었다. 집에서 필요로 하는 땔감 양은 충분했다. '작은 대덕산'은 개인 소유의 산이었으나 동네 이웃들과 땔감을 나누었다. 이 마을에서는 안성장에 가지고 가서 파는 일은 거의 없었다.

〈사례 3〉 죽산면 두교리 동막의 허영씨(1936년생, 남)

허씨는 칠현산 끝자락에 있는 '불당골'(2정 5반)이라는 산을 소유했다. 이 산은 집에서 300m 거리에 위치하고 땔감 조달을 위한 개인 말림이다. 음력 7월에 나무를 깎아 말려서 땔감으로 이용하기도 했으나, 개인 말림이라서 가을과 겨울에 필요하면 수시로 지게를 지고 가서 나무를 해 올 수 있었다. 주로 나뭇가지를 쳐서 모으거나 가랑잎 등을 긁어 왔다. 집안에 필요한 땔감은 충분했으나 나무장사는 하지 않았다.

〈사례 4〉 금광면 한운리 상동의 성덕현씨(1923년생, 남)

산에서 땔감을 채취하는 일을 "말림한다"고 한다. 집에서 1km 정도 떨어진 곳에 '닭작골산'(15정보)을 소유했다. 음력 7월에 소나무 '가쟁이'(가지)를 치고 참나무나 그 밖의 나무와 섞어서 단을 만들었다. 나뭇단은 칡덩굴로 묶었다. 한 단을 '한 짐' 또는 '한 동'이라고 한다. 잘하는 사람은 하루에 10동 정도 나무를 했다.

성씨는 땔감을 채취하여 나무장사를 했다. 음력 7월에 나무를 하면 산비탈의 햇볕이 잘 드는 곳에서 나뭇단을 말린다. 햇살이 좋은 곳에서 말린 나무를 '양달나무', 음지에서 말린 나무를 '음달나무'라고 했는데, 음달나무는 색이 거무스름했고, 양달나무는 색이 붉고 음달나무보다 화력이 좋아 잘 팔렸다. 말린 나무는 가을 추수가 끝나면 음력 10월경에 소마차로 실어 나른다. 소마차가 없는 사람은 산에서 마을까지 지게로 운반한 다음 소마차가 있는 사람에게 땔감 나무를 넘긴다. 지게로는 1동, 소로 운반할 때는 2동, 소마차로는 10동을 운반했다. 이 마을에서는 40호 가구 중에 10호 정도가 소마차를 가지고 있었다.

마을에서 안성 시장까지의 거리는 13km 정도다. 땔감으로는 소나무가 화력이 좋아 소나무 가지를 제일로 쳤다. 나무 판매금(팔은 돈)은 팔러 간 사람이 3분의 1, 소마차가 3분의 2로 각각 나누었다. 일꾼이 있는 집에서는 일꾼이 나무 장사를 하러 갔다.

임야의 소나무를 목상에게 팔기도 한다. 목상은 화목감(장작)과 목재감으로 나누어 팔았다. 산림에서 벌목하는 일을 '산판'이라 하고, 벌목하여 장작을 패서 쌓아 놓는 더미를 '1평'이라고 했다. 사방 예자(6자)가 1평이다. 장작은 판로가 좋았다. 안성읍에서도 사려는 사람은 많았으나 단속이 심해서 나무장사가 어려웠다.

〈사례 5〉 금광면 한운리 중동의 윤현옥씨(1938년생, 남)

한운리에는 상동, 하동, 중대의 세 부락이 있다. 이 세 부락은 계契를 운영하여 공동으로 땔감을 조달하는 산과 '상엿집'을 관리했다. 이 계를 '대동계'라고 했다. 상엿집에는 상여와 차일(장례에 쓰이는 천막)을 보관했고, 사용료(상여세, 차일세)는 가을에 곡식으로 지불했다. 마을에서 공동으로 관리하며 땔감을 조달하는 산을 '동산'이라고 했는데, 충북과 경기도의 경계 산인 차령산이 세 부락의 동산이었다. 차령산은 100정보(1정보는 3,000평) 정도였다.

대동계에서는 유사有司 한 사람을 각 부락에서 교대로 선출했고, 임기는 2년이었다. 동산은 마을에서 임대를 주었고 임대료는 유사에게 지불했다. 이 동산은 1960년대 초에 매각하여 주민들에게 매각금이 분배되었다. 분배율은 원고인(원주민), 살림 난 사람(분가한 사람), 외지인(외지에서 이주해 온 사람)의 세 등급으로 분배했다.

윤씨는 파평 윤씨坡平尹氏의 종산이 많아서 동산에서는 땔감을 하지 않았다. 상동 앞 '절골'에 22정 6단 8묘, '도룡골'에 10정 정도의 종산이 있다. 이 종산의 관리는 산지기가 했고, 산지기는 주로 윤씨네 후손이 맡았다. 종산의 산지기는 금초(금화벌초禁火伐草)를 하고, 음력 9월 보름이나 음력 10월 초에 묘소에 시제時祭를 모신다. 종산의 산지기에게는 위토(종답宗畓과 종전宗田)에서 농사를 짓고, 말림을 할 수 있는 권한이 주어진다. 그러나 윤씨네 종산에서는 윤씨네 집안사람들뿐만 아니라, 마을 사람들도 나무를 했다.

한운리에서는 개인산, 종산, 동산에서 땔감을 채취하여 집안에 필요한 연료로 삼고, 나무장사를 하기도 했다. 나무장사는 농촌에서 중요한 현금 수입원이었다. 동짓달과 섣달에는 나무금(나무가격)이 좋았다. 땔감 나무는 주로 안성 시내 나무전에 내다 팔았는데, 중앙로 광신극장 앞 사거리에 소마차를 줄지어 놓고 나무를 팔았다.

〈사례 6〉 대덕면 모산리 중모산의 윤태은씨(1942년생, 남)

땔감을 연료로 삼을 때는 나무가 귀한 시대였으나, 종산이 많아서 나무장사를 할 정도로 땔감이 많았다. 윤씨는 말림 5정보(1정보는 3,000평)를 관리했는데, 중모산의 뒷산 15정보의 윤씨 종산 중 2정보와 처당골산 3정보였다. 처당골산 3정보는 양성면 덕봉리 오씨네 산 1정보와 강원도 횡성 정씨네 산 2정보였다. 윤씨는 종산과 외지인의 산에 묘를 깎고 산소를 관리하며 나무를 조달했다. 여기서 나무란 주로 낙엽이나 나뭇가지였고 땔감 나무로는 '갈퀴나무'와 '칠월비'가 있다.

낙엽과 1~2년생의 잔가지를 갈퀴로 긁어모은 나무를 갈퀴나무라고 했는데, 양력 12월부터 4월까지 하루에 2~4동을 채취할 수 있었다. 한 동의 크기는 가로 2.5m, 세로 1.2m 정도다. 갈퀴나무는 마차에 싣고 가서 안성 시장에 팔았다. 안성장까지는 5km 거리다. 마차에 실을 때 장사꾼들이 만든 것은 작게 만들어 보통 10동을 실을 수 있었으나, 시골에서 만든 것은 단이 커서 7동을 실었다.

음력 7월에 솔가지와 그 밖의 나뭇가지를 깎아 말려 두는 나무를 칠월비라고 한다. 땔감 나무 중에서 칠월비를 최고로 쳤다.

윤태은씨는 1961년도부터 금전 출납부를 작성했는데, 여기에는 땔감의 판매와 연료 소비량도 기재했다. 1968년도 '농업 부기'에 기록한 땔감의 판매 수입과 가계 연료 충당량을 정리하면 다음의 표와 같다.

〈도 1〉 땔감의 판매 수입과 가계 연료 충당량표

1968년	판매 수입	가계 연료비
1월		25동 2500원
2월	2월 25일/ 나무 3마차 3짐 3000원	20동 2000원
3월	3월 3일/ 1마차 1000원 3월 12일/ 나무 4동 400원	20동 2000원
4월		20동 2000원
5월	5월 17일/ 나무 4동 400원 5월 21일/ 나무(솔가지) 15동 2250원	20동 2000원
6월		10동 1500원
7월		10동 1500원
8월		10동 1000원
9월		10동 1400원
10월	10월 3일/ 나무(솔가지) 5동 750원 10월 3일/ 나무(솔가지) 5동 700원 10월 16일/ 나무(솔가지) 8동 1200원	15동 2000원
11월		15동 2000원

위의 도표에서 판매수입을 살펴보면 1968년 당시 나무 한 동에는 100원이었고 솔가지는 150원이었다. 솔가지가 더 비싸게 팔렸다는 것을 알 수 있다. 가계 연료비를 살펴보면 1월에서 5월까지 그리고 8월에는 나무를 사용했고, 6월과 7월은 솔가지 9월에서 11월에는 나무와 솔가지를 섞어서 사용한 것 같다. 이는 윤씨가 채취한 땔감나무를 집의 연료로 사용한 것을 금액으로 환산해서 기입한 것이다.

2. 산죽과 조리 만들기

1) 대밭과 산죽 조달

안성의 지역 이름에는 대나무 죽竹이 들어 있는 이름이 많다. 동쪽에서부터 일죽면—竹面, 죽산면竹山面, 삼죽면三竹面으로 이어지는데, 죽산면은 1992년 이죽면二竹面에서 죽산면으로 개칭되었다. 이러한 지명으로 미루어 보아 이들 지역에 대나무가 많이 자생하고 있었던 것 같다.

죽산면의 칠장사七長寺 밑에 위치한 칠장리의 신대마을은 안성에서 조리의 산지로 알려져 있다. 신대마을 사람들은 예전부터 주변의 산에서 대나무를 채취하여 겨울 농한기에 조리를 만들어 왔다. 조리를 만드는 대나무는 '대' 또는 '산죽'이라 하고, 대나무가 자라는 곳은 '대밭'이라고 한다. 이 마을 주변의 산은 민씨閔氏 종산과 칠장사 소유의 산이 많았다. 칠장사 소유의 대밭은 '절 대밭'이라고 했다. 개인 소유의 산이 없는 집에서는 이러한 산에 있는 대밭의 채취권을 임차하여 산죽을 조달했다. 대밭이 큰 곳은 몇 가구가 같이 산죽을 나눈다. 민씨네 종산에서 산죽을 채취한 값으로는 조리를 주거나 현금을 주었고, 칠장사 절 대밭의 경우는 땔감 나무를 해주었다. 10여 년 전부터는 절 대밭을 무료로 이용하고 있다.

2) 조리 만들기

산죽山竹의 종류는 '뚝대'와 '찰대'가 있다. 뚝대는 부러지기 쉽고 실하지 못해 조리를 만들지 않는다. 다년생인 산죽은 해가 묵으면 여러 가지를 뻗으니까 가지를 치기 전인 찰대 1년생을 이용한다. 양달에서 자란 것이 단단하고 좋다.

산죽은 음력 8월부터 채취한다. 대밭에 가서 육철낫(조선낫)으로 베어 잎을 쳐 낸다. 단을 칡넝쿨로 묶어 운반한다. 산죽의 굵기는 직경 0.7~0.8cm 정도다. 잘 건조시킨 산죽을 대칼로 4결로 쪼갠다. 쪼개는 일을 '뽀갠다'고 한다. 4등분한 대오리를 완전히 건조시킨다. 덜 건조하면 변색하거나 곰팡이가 생기고, 조리를 겯고 난 다음 마르면서 틈이 생긴다. 틈이 엉성하면 조리의 기능을 제대로 발휘하지 못한다.

예전에 사용하던 실용적 조리는 밥 조리와 국수 조리의 두 종류다. 국수 조리는 밥 조리보다 크다. 조리를 겯을 때 사용하는 대오리의 수를 늘여 가면 조리의 크기도 커진다. 신대마을의 박정수씨(1948년생, 남)에 의하면 예전에는 조리의 날줄 대오리를 9날로 겯었는데 지금의 복조리는 7날이다. 날줄로 쓰는 대오리는 '날대'라고 한다. 조리를 만드는 과정은 다음과 같다.

〈도 2〉 조리의 날줄 겯기
날줄의 3분의 1 정도의 위치를 발로 누르고 겯어 나간다.

〈도 3〉 조리의 씨줄 넣기
날줄을 들어 올려 씨줄을 넣는다.

머릿대 ←

〈도 4〉 조리의 머릿대
가장 왼쪽의 날줄에는 싸리로 만든 봉을 댄다. 이 부분이
조리의 앞면이 된다. 싸리봉을 '머릿대'라고 한다.

〈도 5〉 조리의 씨줄 정리
상하의 씨줄을 안으로 넣어 결으면서 정리한다.

〈도 6〉 조리를 우긴다 채반과 같이 한 장으로 결은 것을 씨줄을 안으로 오므려 우묵하게 입체 모양으로 만든다. 이 단계를
"우긴다"라고 한다. 우긴다는 물체를 안쪽으로 우묵하게 휘어지게 하는 "우그리다"에서 비롯된 말이다. 조리 만들기에서
이 단계가 가장 어렵고 중요하다. 이 지역에서는 조리 만드는 것을 '조리를 우긴다'라고 한다.

목맵기 ▶

◀ 머릿대

▲ 〈도 8〉 **쌍조리** 완성된 쌍조리. 지금은 작은 크기의 복조리를 만든다.

◀ 〈도 7〉 **조리의 부분 명칭** 조리를 우그려서 목 부분을 대오리로 감아
준다. 이를 '목맵기'라고 한다.

이 지역에서는 조리를 '조래미'라고 한다. 조리는 50개가 '한 질(또는 지리)'이다. 능숙한 사람은 1시간에 5~6개를 만들어 하루에 1질을 만들었다. 예전에는 상인들이 마을로 조리를 사러 왔는데, 이들을 '조래미 장사'라고 불렀다. 조래미 장사로는 남자도 여자도 왔다. 여자는 머리에 이고 남자는 지게에 지고 평택, 천안 등으로 조리를 팔러 다녔다. 머리에는 5질정도, 기운 센 남자는 지게 하나에 20질 정도를 졌다.

3. 숯 굽기

안성에서의 숯 굽기는 금광면 한운리 산촌마을에 사는 윤현옥씨의 사례를 통해서 살펴본다.

〈사례 7〉 금광면 한운리 중동의 윤현옥씨(1938년생, 남)

윤씨는 17세부터 산에서 숯을 구웠다. 주로 참나무로 숯을 굽는다. 숯 굽기를 '숯발매'라고 한다. 가을 농사 끝나고 다음해 봄까지 서너 명이 같이 숯을 구웠다. 숯은 목상이 숯 장사에게 넘겼다.

숯 굽기의 과정은 다음과 같다.

① 숯가마 만들기

산 비탈진 곳에 깊이는 1m 정도, 직경 3m 정도 크기의 구덩이를 둥글게 판다. 이것이 '숯가마'다. 숯가마의 크기는 숯을 굽는 양에 따라 다르다.

② 숯 재료 넣기

숯가마에 나무를 빼곡히 세운다. 나무의 길이는 정해져 있지 않다.

③ 숯가마 천장 만들기

참나무 위에 진흙을 물에 섞어 다져 덮는다. 천장은 진흙으로 만들어야 한다.

④ 굴뚝과 공기창 만들기

숯가마 뒤쪽에는 연기가 나가는 굴뚝, 좌우 양쪽에는 공기창(직경 10cm 정도)을 만든다.

⑤ 아궁이에 불 지피기

숯가마 아궁이에 불을 지피고 참나무에 불이 붙으면 공기창만 남기고 진흙으로 아궁이를 막는다. 처음 불을 지필 때는 공기창을 열고, 불이 완전히 붙으면 공기창을 닫는다.

⑥ 숯 굽기

숯가마에 불은 일주일 정도 태운다. 다 타면 연기가 나지 않는다.

⑦ 굴뚝과 공기창도 막는다

⑧ 숯 꺼내기

하루 정도 지나 숯가마 안의 불이 다 꺼지면 아궁이를 다 열고 숯을 꺼낸다.

유두풀로 자리 모양의 포장을 만들어 숯을 싼다. 이것을 '한 포'라고 한다. 유두풀은 산의 양달에서 자라는 풀이고, 숯 한 포의 크기는 가로 1m 정도다. 숯은 숯 장사가 와서 사 갔다. 이 마을에서는 숯을 많이 생산했다. 1950년 후반까지 숯을 구웠다.

4. 도토리의 이용

전통사회에서 식량으로 이용하는 산야의 나무열매로는 도토리가 있다. 도토리는 식용으로 이용하기 위해서 타닌을 제거해야 하는데 타닌 제거 방법은 지역에 따라 다르다. 안성에서의 도토리 타닌 제거법을 사례를 통해서 살펴본다.

〈사례 8〉 대덕면 모산리 하모산의 안용철씨(1938년생, 남)
마을 주변에 상오리(상수리)나무가 거의 없어 주로 가도토리나무를 이용했다. 상오리나무는 땔감으로 이용하는 터라 자랄 틈이 없었다. 가도토리나무는 당년에 열매를 맺는다. 가도토리나무는 나무가 작아도 열매가 많이 열린다. 가도토리의 열매는 도토리보다 길쭉하고, 주로 묵을 쑤어 먹었다. 떫은 맛(타닌)은 다음과 같이 제거했다. 도토리를 물에 담가 문질러 껍질을 벗긴다. 말려서 절구에 빻아 가루를 만든다. 가루를 물에 넣어 앙금을 여러 번 우려내 떫은 맛(타닌)을 제거한다.

5. 마당 닦기

전통사회에서는 주로 마당에서 도리깨질로 보리 탈곡을 했다. 도리깨질로 패인 마당은 흙으로 메꾸고 손질을 해준다. 이 작업은 지역에 따라 또는 마을에 따라 표현이 다르다. 다음 안성의 사례를 살펴본다.

〈사례 9〉 금광면 한운리 중동의 윤현옥씨(1938년생, 남)

보리를 수확하고 탈곡할 때 마당에 멍석을 깔지 않고 직접 자리개질과 도리깨질을 했다. 매년 음력 8월 추석 무렵에 진흙을 파다가 마당에 펴서 물로 표면을 매끈하게 하여 다지고 말렸다. 이를 "마당을 닦는다"고 했다.

〈사례 10〉 대덕면 모산리 하모산의 안용철씨(1938년생, 남)

탈곡할 때 마당에서 직접 했다. 멍석이 귀했고 마당에서 탈곡한 낟알을 쓸어 담기가 편했다. 일 년에 한 번씩 마당을 흙으로 메워 판판하게 골라 놓았다. 이를 '마당 돋군다'고 했다. 산에서 황토 진흙을 파서 마차로 운반하여 마당에 편다. 황토는 입자가 곱고 부드럽다. 주로 음력 7월경에 마당을 돋군다. 이때는 마당밟기를 겸해서 술을 받아 놓고 두레를 불러 마당에서 한바탕 농악을 놀린다.

6. 나무 거름

나무 거름은 녹비綠肥다. 안성에서는 주로 산촌마을에서 나무 거름을 이용하였다.

〈사례 11〉 금광면 한운리 상동의 성덕현씨(1923년생, 남)

논에 '갈'을 꺾어 거름으로 넣었다. 떡갈나무 등 참나뭇과의 새 움을 '갈'이라고 하는데, 산에 나무하는 곳에는 갈이 많이 있고, 이렇게 갈이 쌓여 있는 곳을 '갈밭'이라고 한다. 하루에 3번 갈을 꺾으러 갔고, 갈을 꺾으러 갈 때는 하루에 네 끼니를 먹었다. 아침과 점심 사이에 아침새를 먹고, 점심과 저녁 사이에 저녁새를 먹었다. 점심은 먹지 않았다. 아침을 먹고 갈밭에 나갔다가 갈을 2짐 꺾어 지게에 지고 와서 아침새를 먹는다. 다시 2짐을 하고 와서 저녁새를 먹고 세 번째로 2짐을 하고 와서 저녁을 먹는다. 이렇게 하루에 6짐을 해 와서 논에 갈을 넣었다. 논 한 마지기(200평)에 7~8짐의 갈을 깔아 주었다.

〈사례 12〉 금광면 한운리 중동의 윤현옥씨(1938년생, 남)

소만(5월 21일경) 무렵에 거름용 나무를 하러 산에 간다. 거름용 햇순을 따는 일을 '갈 꺾는다'고 한다. 이 지역에서는 발채 없이 사용하는 맨 지게를 '알지게'라고 하는데, 갈을 꺾으러 갈 때는 알지게를 지고 간다. 갈은 낫으로 채취했고, 한 사람이 하루에 5~6짐을 한다. 갈을 논에 골고루 펴 주고 나서 아시를 갈았다. '갈거름'은 논을 두세 번 갈고 모내기를 한 다음에는 거의 부식되어 거름이 되었다.

7. 마무리

산야이용의 사례를 통해서 안성에서 논과 밭을 일구며 살아온 안성 사람들의 삶의 일면을 살펴보았다.

자연과 인간의 삶에서 산림 자원의 활용은 산림 순환의 조력이 되기도 한다. 소나무의 종자는 낙엽 위보다 땅 위에 직접 떨어져야 발아율이 높은데, 인간이 땔감을 조달하기 위해 삭정이를 치고 낙엽을 긁어모으다 보면 자연스럽게 이를 돕게 된다. 그리고 산림은 적당히 간벌間伐을 해 주어야 보다 잘 조성된다. 땔감으로 인해 산림을 파괴한다는 부정적인 면이 확대되어 인식되어 왔지만, 적절한 땔감 채취는 오히려 산림 유지를 위해 도움이 된다.

전통사회에서는 산에서 땔감을 채취하여 가마솥에서 밥을 짓고, 겨울철에는 난방을 위해 온돌방 아궁이에 불을 지폈다. 쌀과 보리를 조리로 일어 밥을 지었던 시절에 조리는 필수품이었다. 안성의 죽장면 칠장리에서는 농한기에는 산죽으로 조리를 결어 생계를 꾸렸다. 안성 사람들은 산에 진흙으로 숯가마를 만들어 참나무로 숯을 구워 팔았으며, 참나뭇과의 견과堅果인 도토리는 묵을 만들어 먹었고 새순은 논에 녹비綠肥로 사용했다. 이러한 안성 사람들의 산야이용의 사례를 고찰하여 정리한다.

1) 땔감조달과 나무장사

안성에서는 땔감을 조달하는 산을 '말림', 땔감 채취는 "말림 한다"고 한다. 그리고 땔감 채취는 논매기가 끝나고 음력 7월에 했다. 이를 '칠월비' 또는 '칠월나무'라고 한다. 음력 7월에 채취한 땔감 나무는 단으로 만들어 산에서 말리고 난 후에 운반했다. 논농사가 일단락되는 시기를 이용하여 겨울의 땔감 준비를 했던 것이다.

땔감 채취를 할 수 있는 산으로는 개인 말림, 종산, 동산이 있었다.

종산의 산지기에게는 말림을 할 수 있는 권한이 주어졌다. 산지기는 산을 지키고 관리하는 사람이다. 종산의 산지기는 후손들이 많이 맡았다. 종산에 있는 문중 조상들의 묘를 벌초하고 시제를 모시며 산을 관리했다. 〈사례 5〉의 금광면 한운리의 윤현옥씨와 〈사례 6〉의 대덕면 모산리의 윤태은씨는 종산이 가까운 곳에 있어서 종산에서 땔감을 조달했다. 그러나 〈사례 2〉 모산리의 안용철씨는 종산이 먼 곳에 있어서 '작은 대덕산'이라는 개인 산을 구입했다. 〈사례 3〉의 죽산면 두교리의 허영씨도 집에서 멀지 않은 곳에 개인 산을 소유하고 있었기에 땔감 조달에 어려움이 없었다. 안용철씨와 허영씨는 개인 말림이 있어서 집안의 땔감은 충분했으나 나무장사를 할 정도의 여유는 없었다.

한편 한운리에서는 마을에서 공동으로 관리하는 동산에서 땔감을 조달했다. 한운리처럼 주변에 산이 많은 산촌에서는 땔감을 채취하여 집안의 연료로 사용하고 '나무장사'도 할 수 있었다.

그러나 안성에는 땔감이 부족한 지역도 많았다. 〈사례 1〉의 일죽면 방초리는 주변에 산이 없어서 마을 안에 있는 군郡 소유의 대덕산이 땔감을 조달하는 유일한 산이었다. 방초리의 각 마을 이장들이 동네 규모에 따라 대덕산의 영역을 나누어 땔감을 채취했다.

미양면은 평야가 넓게 펼쳐진 곳이라서 땔감 조달에 어려움이 많았다. 진촌리의 황선필씨(1938년생, 남)는 왕겨와 개울가에 자라는 띠 뿌리까지 캐어 땔감으로 사용했다. 그래도 땔감이 부족하여 마을에서 30리 정도 떨어진 청룡산에 나무를 하러 다녔다. 지게를 지고 가서 삭정이, 솔방울, 소나무 껍질, 솔잎파리 등을 모아 왔다. 아침 해가 뜨면 보리밥 도시락을 싸고 가서 나무를 한 뒤 점심을 먹었다. 안성 시장에는 나무전이 있었으나, 이 마을 주변에서는 나무를 구입할 수 없었다.

〈사례 6〉윤태은씨의 1968년도 '농업 부기'에는 '가계 연료 충당량'이 기록되어 있는데, 하절기와 동절기의 땔감 사용량이 다르다. 6월에서 9월까지 땔감 사용은 한 달에 10동(다발)이다. 가을과 겨울에는 난방을 해야 하니까 땔감이 더 필요하다. 10월과 11월에는 15동, 그리고 2월에서 5월까지는 한 달에 20동을 땔감으로 이용했다. 당시 윤씨 댁의 가족 수는 열한 명이었고 소도 키우고 있었다. 소죽을 쑤어야 하니까 그만큼 연료가 더 필요했다.

한반도 산야에 가장 많이 분포하는 나무는 소나무다. 송진의 성분으로 화력이 좋은 소나무는 최고의 땔감이었다. 안성에서는 소나무 외에 떡갈나무 종류도 땔감으로 이용했다. 그리고 그 열매인 도토리로 묵을 쑤거나 새 움을 거름으로 쓰는 등 다양하게 활용했다.

2) 산죽과 조리 만들기

안성에서는 조리를 '조래미'라고 하고, 조래미 만드는 산죽을 '대'라고 한다. 안성에는 왕대와 같은 굵은 대나무는 자생하지 않는다. 조릿대와 같은 가는 대나무가 주류이기 때문에 산죽을 '대'라고 부른다. 산죽이 자생하는 곳을 '대밭'이라 했고, 죽산면에는 주변의 산에 대밭이 많았다.

죽산면 칠장리에서는 예전부터 농한기에 조리를 만들어 왔다. 산죽은 민씨 종산과 칠장사의 대밭에서 조달했다. 지금은 신대마을이 '복조리'의 산지産地로 알려져 있지만, 예전에는 칠장리의 극락마을과 산직마을에서도 조리를 많이 생산했다.

마당 위에서 직접 자리개질과 도리깨질을 하던 시대에는 보리나 쌀에 돌이 많았다. 그래서 이 시대에 조리는 주방의 필수품이었다. 이제는 쌀에 돌이 없어진 지 오래이니 쌀을 일 때 돌을 제거하기 위해 사용하던 조리는 실용적 용도로는 거의 쓰이지 않는다. 조리는 주방의 필수품에서 장식품으로 전환되었다.

복조리는 액세서리로 조그마하게 만든 '애기조리', 복을 두 배로 한다는 '쌍조리'

등이 있다. 산직마을에서는 30여 년 전부터 조그만 액세서리 '조래미'를 만들어 팔았다. 이 지역에 시집온 며느리는 시어머니가 만드는 모습을 보면서 배웠다. 액세서리용 조리는 익숙해지면 2~3분에 한 개씩 만드는데 처음에는 30분에 한 개를 겨우 만들었다고 한다.

조리를 생활 도구로 사용하던 당시는 새해를 맞이하면서 한 해에 사용할 조리를 한꺼번에 사 놓았다. 섣달그믐부터 대보름까지 조리 장사가 "복조리 삽쇼(사세요)"라고 외치며 각 마을을 돌아다니며 조리를 팔았다. 예전부터 조리는 '복을 부르는 기능'을 기대하여 '복조리'라고 불렀다. 조리는 쌀을 일 때 돌을 제거하고 쌀만 건져내는 기능을 한다. 밥을 지을 때 돌은 불필요하고 나쁜 것이다. 이러한 나쁜 요소를 제거하고 좋은 것만 모으는 조리의 기능에서, 일상생활에서도 나쁜 것은 퇴치하고 복福만 불러 모아 주기를 기원하는 의미를 복조리에 담게 된 것이다. 새해에 1년에 사용할 조리를 한꺼번에 구입하여 벽이나 기둥에 걸어 놓은 것이 바로 복조리인데, 지금은 실용성 조리는 사라지고 이런 복조리만 전승되고 있다.

3) 숯 굽기

〈사례 7〉의 한운리의 윤현옥씨(1938년생, 남)는 17세(1921)부터 숯 굽기를 시작했고, 당시 산에서 벌목은 목상木商에 의해 이루어졌다. 산 임자라 하더라도 자기 소유의 산에서 나무를 함부로 벌목할 수는 없었다. 산의 임목을 벌목하는 일, 또는 그 대상의 산을 '산판'이라고 한다. 산판은 강원도를 비롯해 전국에서 널리 쓰이는 용어다. 안성에서도 말림과는 별로도 산판이 전승되고 있다. 산판에서는 장작이 생산되지만, 말림에서 조달하는 땔감은 주로 소나무의 삭장구(죽은 나뭇가지)나 갈 낙엽과 잔가지 등이다.

금광면 한운리에서는 숯 굽는 일을 '숯발매'라고 했다. '발매'의 사전적 의미는 '산판의 나무를 한목 베어 냄'이다. 산판을 할 때 목재와 화목(땔나무)으로 나누어 판매하는데, 땔감으로는 화력이 좋은 소나무를 최고로 쳤고 그 밖의 나무는 잡목이라 하였다. 잡목에는 참나무가 많았다. 참나무로는 숯을 구웠다. 숯을 굽는 데는 진흙

조달이 중요했다. 산에서 숯가마를 만들려면 진흙이 필수 조건이다.

산에서 벌목한 것에 대한 권한은 모두 목상에게 있다. 숯의 판매권도 목상에게 있었다. 참나무로 구운 숯을 목상이 숯 장사에게 팔았다. 숯은 귀해서 숯 장사가 사러 왔다.

4) 도토리의 이용

상수리나무나 떡갈나무와 같은 참나뭇과의 견과堅果를 도토리라고 통칭한다. 안성에서는 상수리나무의 견과는 '왕도토리', 떡갈나무 등의 견과는 '가도토리'라고 부른다. 왕도토리는 가도토리보다 열매가 굵고 둥글다. 상수리나무는 2년 만에 열매를 맺지만 가도토리는 매년 열매를 맺는다.

도토리를 식용하려면 떫은 맛(타닌)을 제거해야 한다. 타닌 제거 방법은 열처리와 침수법이 있다. 열처리는 도토리를 물에 넣고 가열하여 타닌을 제거하는 방법이다. 침수법은 도토리를 물에 담가 타닌을 여러 번 우려내는 방법이다. 두 가지 방법은 지역에 따라 다른 분포를 나타낸다. 안성은 침수법의 분포권이다.

5) 마당 닦기

안성에서는 망종(양력 6월 6일 무렵) 이후에 보리를 수확한다. 수확한 보리를 자리개질로 탈곡하고, 도리깨질로 보리의 까끄라기를 제거했다. 마당은 이러한 작업에 소용되었다. 그래서 매년 음력 7월경에 산에서 황토를 파와서 마당을 메웠다. 이러한 일을 금광면 한운리에서는 "마당 닦는다", 대덕면 모산리에서는 "마당 돋군다"라고 했다.

안성에서는 산림 자원의 하나인 황토 진흙을 '숯가마 만들기'와 '마당 닦기'에 활용했다. 마당 닦기는 주로 돌이 많은 지역에서 행해졌다.

6) 나무 거름

생풀이나 생나무 잎을 거름으로 사용하는 녹비綠肥의 종류는 지역에 따라 차이가 있다. 안성에서는 주로 참나뭇과의 새순을 논에 녹비로 이용했다. 봄이 되면 산에 나무들의 새움이 돋아난다. 안성에서는 떡갈나무 등 참나뭇과의 새싹을 '갈'이라고 한다. 산에서 갈을 채취하여 지게로 지고 왔다. 이렇게 논의 거름용 새순을 채취하는 것을 '갈 꺾는다'고 한다. 갈은 논에서 미생물에 의해 분해되어 벼의 영양분이 된다.

제2장

영동과 영서 사람들의 산야이용

한반도의 지형은 동고서저東高西低로 이루어져 있고, 대관령의 동쪽이 '영동嶺東', 서쪽이 '영서嶺西'다. 행정구역상으로는 같은 강원도 영역이지만 대관령을 넘어서면서 영동과 영서는 풍토가 다르다. 본고에서는 영동과 영서지역의 산야이용의 특징을 사례를 통해 고찰한다.

1. 영동과 영서지역의 산판

영동과 영서지역에서는 소나무가 있는 산야를 '산판', 산에 소나무를 벌목하는 일을 "산판한다"고 한다.

1) 영동지역의 산판

〈사례 1〉 양양군 현북면 명지리의 김인식씨(1939년생, 남)

김씨는 곳곳에 산판을 소유하고 있었고, 산판에서 원목을 운반하는 일도 경험했다. 원목을 운반할 때는 원목의 크기에 따라 4~8명이 운반 하였고, 이러한 일을 '목도'라고 했다.

남자들은 산판에서 장작을 집으로 운반하여, 네 자(1자는 약30cm) 길이의 장작을 반으로 잘라서 두 자의 장작으로 만들었고, 여자들은 머리에 이고 가서 팔았다. 명지리에서 양양 5일장 까지는 20리 이상의 거리였기에, 가까운 바닷가 마을인 하조대나 기사문에 가져가서 팔았다. 명지리에서 하조대나 기사문까지는 약 10리 거리였다.

〈사례 2〉 강릉시 구정면 구정리의 윤기종씨(1929년생, 남)·윤선종씨(1944년생, 남)

목상木商은 산판주인(산주)으로부터 벌목권을 사서 목재를 채벌하여 판매했다. 채벌 한 목재는 크게 건축재용과 땔감용으로 나누어지고 땔감용 목재는 장작으로 만들어 팔았다. 장작만들기는 목상이 인부들을 사서 이루어졌고 이러한 일도 "산판한다"고 한다. 장작패기는 한 평 단위로 계산하여 노임을 지불한다. 이 지역에서 장작 한 평은 가로 세로 길이가 각각 네 자, 높이 네 자로 장작을 쌓아 올린 것이다. 이것을 '사방 네 자 한 평'이라고 한다. 산판에서 장작을 집으로 운반할 때, 기운이 센 사람일 경우 한 평을 지게로 6~7짐, 보통 남자일 경우 12~13짐으로 운반하였다. 이 지역에서는 기운 센 사람을 '힘패'라고 불렀다.

장작만들기는 힘이 좋고 능숙한 사람은 하루에 3~4평 정도를 할 수 있었고, 이렇게 만든 장작을 목상이 트럭에 싣고 서울이나 도시에 가지고 가서 팔았다. 마을에서는 농한기에 산판을 할 수 있었고, 장작은 주로 한두 평씩 낱 평으로 구입하여 집안에 땔감으로 사용하기도 하고, 현금 수입을 위해 집에 가져다 놓았다가 말려서 나무전에 가지고 가서 팔았다. 구정리에서 강릉시의 나무전까지는 10리(약 4km) 이상의 거리였다.

윤기종씨는 산판 2정보(1정보는 3,000평)를 소유하고 있었다. 목상에게 산판의 벌채권을 팔았을 경우, 산판주인도 목상으로부터 장작을 사서 땔감을 마련하거나 나무전에 가지고 가서 팔았다. 나무전에는 구정리 뿐만 아니라 각 산촌마을에서 장작을 가지고 와서 팔았다.

땔감 조달은 주로 소나무의 섶을 이용하였는데, 섶은 장작, '솔아치(또는 송아리)', '소갈비'로 분류된다. 장작은 땔감용 나무, 솔아치는 소나무 가지를 말한다. 그리고 솔가리(말라서 땅에 떨어져 쌓인 솔잎)를 이 지역에서는 '소갈비'라고 한다. 또 잡목의 가지를 '졸가리'라고 한다. 산판이 없는 집에서는 국유지의 산판에서 소나무 섶이나 졸가리를 조달하는 경우가 많았다. 소나무 섶은 다음과 같이 각각 그 용도가 달랐다.

장작은 옹이가 적은 것이 좋은 땔감으로 값을 많이 받을 수 있었고, 강릉시의 나무전이나 강릉시 남문동에 몇 군데 있었던 목욕탕에 가지고 가서 팔았다. 장작 판매는 대부분 두 배 이상의 수익이 되었다.

강릉에는 옹기가마가 있었고 옹기전이 있었다. 솔아치는 옹기가마에 이용되었기에 옹기전에 가지고 가서 팔았다. 솔아치는 한아름으로 묶은 것을 '한단', 50~100단을 쌓아놓은 것을 '한가리'라고 하였다. 옹기가마용 솔아치는 주로 한가리씩 매매되었다. 솔아치는 장작에 비해 5분의 1의 가격이었다.

소갈비는 불쏘시개용으로 이용되었기에 장작과 같이 팔았다.

졸가리는 손으로는 잘 부러지지 않는 나무가 많아서 도끼로 잘라서 이용해야 했다. 나무일에 익숙지 않는 바닷가 주민들이 이용하기는 불편하니까 산촌지역에서 땔감용으로 사용되었다.

나무전에서 땔감을 팔고 얻은 현금으로 쌀, 보리 등의 곡물이나 명태, 가오리 등의 생선을 사왔다.

벌목 후 산판에는 솔방울에서 떨어진 씨가 자연 파종되어 4~5년이 지나면 1m정도로 자라고, 50~60년이 되어야 재목이 된다.

〈사례 3〉 강릉시 구정면 어단리의 전영래씨(1927년생, 남)

예전에 산을 소유하는 이유로는 선조들의 묘를 모시는 선산으로 사유지를 확보하는 경우가 대부분이었고, 이러한 세장지世葬地에는 묘지기나 산지기를 두었다. 전씨는 부친 대부터 안산이씨의 세장지 10정보를 관리하여 왔다. 안산이씨 선산의 소나무를 도벌 당하지 않게 감시하고 산소의 벌초를 해 주는 대신, 솔아치와 소갈비, '삭다리(삭정이)' 등의 땔감을 제공 받았다. 전씨는 산판에서 인부로 장작만들기 일도 했다. 장작만들기는 한 평당으로 품값을 계산하여 받았고, 어단리에서는 사방 3자 3치(약1m)가 한 평이다. 나무전에 팔 때는 장작을 50cm로 만들어 팔았다. 읍내 나무전까지 약 25리를 장작을 지게로 지고 가서 팔았다. 지게 한 짐에 30~50전을 받았다.

음력 10월부터 1년간 사용할 땔감을 준비한다. 장작은 나무전에 가지고 가서 팔고 솔아치나 소갈비를 집안에 연료로 사용했다. 소갈비를 적재하여 두는 더미를 '소갈비 가리'라고 한다. 1년간 땔감으로 필요한 소갈비는 지게로 80짐 정도다.

졸가리(또는 졸기) 땔감 중 싸리나무는 별도로 한 짐 정도 마련해 두었다가 정월 보름에 사용하였다. 어단리에서는 "정월 대보름에 오곡 찰밥을 지을 때 싸리불을 사용하면 그해는 풍년이 든다"라는 말이 전승된다.

2) 영서지역의 산판

〈사례 4〉 정선군 임계면 직원리의 전용운씨(1919년생, 남)・정선군 여량면 봉정리의 이기복씨(1938년생, 남)

여량면은 임계면의 인접면으로, 예전에는 북면이었으나 2009년 5월부터 여량면으로 변경되었다.

이 두 마을에서는 산판을 하고 나서 좋은 목재는 목상이 가져가고 나머지 불량목은 지역 인부들 몫이 되었다. 산판일을 하는 인부는 지역민 뿐만 아니라, 생업으로 타지에서 산판일을 따라 온 사람도 많았다.

임계면 직원리와 여량면 봉정리에서는 장작 길이 네 자를 쌓아 올린 것을 '접평 한 평', 두자 길이로 만든 것을 '호 평' 한 평이라고 불렀다. 호 평 장작은 주로 학교 난로의 땔감용으로 이용되었다.

3) 영동과 영서의 지게 운반법

〈사례 5〉 강릉시 왕산면 고단리의 강원진씨(1939년생, 남)

일반 시장은 5일장이었으나, 섶은 나무전 거리에 지고 가서 수시로 팔았다. 나무전에 갈 때는 혼자 가는 경우도 있지만 여럿이 장작을 지고 팔러 가곤 했다. 나무전

거리에서 쉽게 장작이 팔렸을 때는 하루에 두 번 팔러 나가는 경우도 있었다.

나무전까지 장작을 지게에 지고 갈 때, 한 번에 갈 수는 없으니 도중에 여러 번 쉬게 되는데, 영동과 영서지역에는 지게로 긴 거리를 운반 할 때 쉬는 시간을 활용하는 운반법이 있다.

예를 들면 집에서 나무전으로 갈 때, 출발하기 전에 두 개의 지게 짐을 마련해둔다. 편의상 두 개의 지게를 A와 B로 칭해두자. 먼저 A지게를 지고 운반하다가 중간에 힘이 들면, 지게를 내려놓고 다시 집으로 돌아온다. 집에 도착하면 B지게를 지고 나무전으로 운반하다가 힘이 들면 지게를 내려놓고 A지게를 놓아 둔 곳으로 걸어간다. A지게와 B지게는 엇갈리게 놓아둔다. 1인 2지게 운반법을 그림으로 나타내면 〈도 1〉과 같다.

〈도 1〉 두 지게 운반법

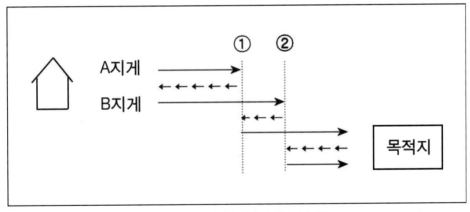

──→ 는 지게를 지고 운반할 때, ← ← ← 는 지게 없이 걸어 갈 때를 나타낸다.
① ②는 쉬는 횟수와 장소를 의미하고, 장거리일 경우 이 횟수는 늘어난다.

이것은 지게 운반을 할 때 지게를 내려놓고 그 자리에 앉아서 쉬는 시간을 활용해서 혼자서 두 개의 지게짐을 지어 나르는 운반법으로, 시간절약과 두 배의 운반효과를 얻을 수 있는 운반법이다.

영동지역에서는 이 운반법을 '번채番遞'라고 한다. 번채는 "번갈아서 운반한다"는 뜻이고, 먼저 나르는 지게짐을 '전채前運', 나중에 나르는 지게짐을 '후채後運'라고 한다. 1인 2지게 운반법은 주로 장거리 운반 시에 활용되기 때문에 영동지역에서는 나무전에 땔감을 팔러 갈 때 많이 이용되었다.

한편 인제군 일대의 영서지역에서는, 화전에서의 농작물을 집으로 운반할 때, 집에서 화전으로 거름 등을 운반할 때에 많이 이용되었고, 이 지역에서는 1인 2지게 운반법을 '등받이'라고 불렀다.

2. 영서지역의 화전

화전은 영서지역에서 중심적으로 이루어졌다. 영동지역에는 화전문화는 전승되지 않았다. 영동지역 사람들은 화전이라는 말도 잘 모른다.

〈사례 6〉 인제군 기린면 방동리의 전병룡씨(1923년생, 남)

음력 7~8월 중에 화전 예정지로 가서 도끼로 나무를 찍어 둔다. 이는 화전 예정지를 선점先占하였음을 이웃사람들에게 알리는 의사전달의 표시로 이를 '표'라고 불렀다. 표를 한 다음 화전 예정지 안에 있는 나무를 차례로 베어나가는데, 이런 일을 '화전 빈다伐'고 한다. 화전 예정지에 불을 놓기 전에 화전 예정지 주변에 쌓인 나뭇잎을 갈퀴로 긁어내고, 괭이로 썩은 나무토막을 들어낸다. 이렇게 화전 밖으로 불이 번지지 않게 화전 주변을 정리해 두는데, 이런 일을 "산 긁는다"고 한다.

불 놓기는 바람이 없는 날 화전 예정지의 위쪽에서부터 불을 지피면 불길은 화전 예정지의 아래쪽으로 천천히 타면서 내려온다. 화전 예정지에 불이 번지는 동안에 썩은 나무토막에 불이 붙는 경우가 있는데, 이러한 나무토막을 '불대미'라고 한다. '불대미'는 불씨의 저장고가 되어 산불의 요인이 될 수 있으므로 땅속 깊게 파묻는다. 방동리에서 면면히 이어져 온 화전의 윤작구조는 다음과 같다.

1년차에는 조를 일군다. 2년차에는 콩과 팥을 일군다. 그리고 2~3년 동안 화전을 묵히고 난 다음 한 해 동안 메밀을 재배한다. 그 후는 방기放棄한다.

1) 조

화전에서 괭이로 고랑과 두둑을 만드는 일을 "고랑친다"고 한다. 이때 두둑의 폭은 약 40cm 정도다. 고랑치기는 흙밥이 쉽게 쓸려 내리지 않게 화전의 능선을 가로지르며 이루어졌다.

조는 음력 3월 그믐에서 4월 초순 사이에 재거름과 같이 파종한다. 파종하기 전에 조의 씨앗을 재거름과 섞어 준비 해 둔다. 호미로 15cm의 간격으로 고랑에 구멍을 내어, 10개 안팎의 조의 씨앗을 그 자리에 넣고 묻어준다. 방동리에서는 '씨앗을 넣는 자리'를 '덧자리'라고 불렀다. 여러 차례 김매기를 하면서, 하나의 '덧자리'에 조 4~5그루를 남겨놓고 솎아준다. 음력 9월 서리가 내리기 전에 조를 베어 들인다.

2) 콩·팥

콩과 팥은 음력 5월 15일 무렵에 화전에 파종한다. 콩과 팥의 재배법은 거의 같다. 이 마을에서는 "콩은 일찍 파종하면 수확량이 떨어진다"는 말이 전승되었다. 파종하기 전에 괭이로 화전에 남아있는 조의 그루를 제거하고, 호미로 20cm 간격으로 고랑에 구멍을 내어 3~4개의 콩의 씨앗을 그 자리에 넣고 묻어준다. 다음 수차례 김매기를 하면서 하나의 덧자리에 콩 2그루를 남겨놓고 솎아준다. 음력 8월 그믐이나 9월 초순에 콩과 팥을 베어 들인다.

3) 메밀

방동리에서 이루어진 화전의 특징은 1년차에는 조, 2년차에는 콩과 팥을 재배하고, 그 후 2~3년 동안 화전을 묵혀두었다가 다음에 메밀을 파종하였다는 점이다. 화전에서 2년 동안 농사를 짓고 나서 지력을 회복시키기 위해서 2~3년 동안 밭을 묵히는 것을 "화전 묵힌다"고 한다.

메밀은 중복中伏 무렵에 파종하는데, 이때도 1년차처럼 괭이로 고랑을 치고 메밀을 파종한다. 파종할 때는 메밀의 씨앗을 인분과 재거름에 섞는데, 이를 "배긴다"라고 한다. 호미로 30cm 간격으로 고랑에 구멍을 내고, 4~5개의 메밀의 씨앗을 그 자리에 넣고 묻어준다. 메밀밭에서의 김매기는 거의 이루어지지 않았다. 음력 9월 서리가 내릴 무렵에 메밀을 수확하고, 그 후에 화전은 방기放棄한다.

3. 마무리

영동지역과 영서지역 사람들의 산야이용의 주된 목적은 뚜렷하게 대조를 이루었다.

영동지역 사람들의 산야이용의 주된 목적은, 땔감이나 재목을 확보하기 위해 산야에서 소나무를 벌목하여 이용하는 것이었고, 산야에서 곡물을 생산하려고 화전을 일구는 일은 없었다. 한편 영서지역에서는 밭을 일구어 곡물을 생산하기 위해서 산야를 이용하는 비중이 높았고, 이러한 산야를 '화전'이라고 하였다. 이렇게 두 지역은 산야의 주된 이용목적에서 대조를 이루었다.

영동과 영서지역에서는 소나무를 심은 산야를 '산판', 산에 소나무를 벌목하는 일을 "산판한다"라고 하였고, 두 지역에서 산판의 사례를 얻을 수 있었다. 그러나 영서지역보다 영동지역이 산판의 소나무를 땔감으로 사용함에 있어서도 섶의 용도의 세분화와, 땔감을 나무전에 지고 가서 판매하는 데 있어서도 적극적인 경향을 볼 수 있었다.

쉬는 시간을 활용해서 혼자서 두 개의 지게짐을 지어 나르는 1인 2지게 운반법은, 시간절약과 두 배의 운반효과를 얻을 수 있는 운반법으로, 영동지역에서는 주로 '번채'라고 불렀고 땔감을 나무전에 팔러 갈 때 이용되었다. 한편 인제군 일대의 영서지역에서는 이 운반법을 '등받이'라고 불렀고, 화전에서 집으로 곡물을 나르거나 집에서 화전으로 거름 등을 지어 나를 때 이용되었다.

영서지역의 화전의 윤작구조는 1년차에는 조, 2년차에는 콩과 팥을 재배하고, 그 후 2~3년 동안 묵혔다가 메밀을 재배하는 것이다. 이러한 화전의 윤작구조는 한반도 의 다른 화전지대에서는 볼 수 없는 문화현상이 아닌가 싶다. 그리고 영서지역의 숙전熟田의 농작구조는 혼작混作이고, 화전에서는 단작單作으로 이루어졌다는 점도 눈여겨보아야 할 것이다.

제3장

의성 사람들의 산야이용
 —중리中里의 송계松契 문서를 중심으로—

연탄이 나오기 전까지 전통사회에서는 난방과 취사에 필요한 땔감은 대부분 나무를 위주로 하였고 이러한 땔감은 주변의 산에서 채취하였다.

사촌리의 북쪽에는 매봉산(319.7m)이 있다. 점곡면 사촌 2리의 홍수석씨(1931년생, 남)는 송계松契의 계원契員으로 매봉산에서 땔감을 조달하고 산전을 일구었다. 중리의 송계문서와 홍씨의 사례를 통해서 전통사회의 산야이용의 생활사를 살펴보고자 한다.

〈도 1〉 중리의 송계문서

1. 중리의 송계문서

사촌1리와 사촌3리의 중간지점이라 하여 예전에는 사촌2리를 '중리中里'라고 하였다. 다음은 중리의 송계문서다〈도 1〉.

1964년 중리의 '송계규약 및 임원록松契規約 及 任員錄'의 표지다.

중리의 송계는 후에 '중사애림회中

沙愛林會'로 개명하였다. 표지 왼쪽에 볼펜으로 적혀있다. 다음은 송계의 규약내용이다〈도 2, 도 3〉.

1 〈도 2〉 송계의 규약 1
2 〈도 3〉 송계의 규약 2

| 2 | 1 |

1 〈도 2〉 송계의 규약 1
2 〈도 3〉 송계의 규약 2

◉ **송계규약**

1. **목적** 향토의 미화, 홍수의 방지, 도남벌 방지.
2. **관할** 사촌동 산53번지의 1, 동소 35번지의 1 및 그 임야내의 개간한 토지.
3. **임원** 계장 1명, 유사 2명, 감시 2명.
4. **임기** 임원의 임기는 1년으로 한다.
5. **임무** 계장은 계를 대표하고 재정을 관장한다. 유사는 일체의 수입금을 징수하여
   계장에게 납부한다.
6. **임원의 보수** 임원의 보수는 총회에서 결정한다.
7. **산지 사용료 징수** 매년 8월 15일 정기총회에서 전계원의 직접답사로써 사용료를 결정, 유사가
   징수한다.
8. **기타** 필요한 사항은 총회에서 가감한다.
9. **벌칙** 법에 의존하여 처리를 한다.
10. **부칙** 본 규약은 제정한 날로부터 시행한다.

※ 본 규약은 고본 멸실 우려로 1981년 12월 15일 재제

상기의 규약을 항목별로 자세히 살펴보자.

1) 송계 결성의 목적과 관할

중리(사촌2리)의 송계는 홍수석씨의 부모님 대에 결성된 것이다. 홍씨의 부모님은 홍수석씨가 6살 때에 경상북도 군위군에서 이곳 중리로 이주하여 왔다. 새로운 곳에서 삶의 터전을 마련하였으니 대대로 내려오는 종산宗山은 없었다. 이 지역에서는 생활에 필요한 땔감 조달도 남의 문중산에 입산은 금지되었다. 그 당시 중리마을에는 40~50가구가 살고 있었는데 그 중 35명이 각각 겉보리 5되씩을 모아서 산을 매수하였다. 공동 명의名義로 겟산契山을 마련한 것이다. 송계 결성의 정확한 연도는 알 수 없으나 홍씨 부친이 이주한 1936년 이후로 추정된다. 홍수석씨는 부친의 뒤를 이어 송계의 계원이 되었다.

〈도 4〉 중계리의 겟산

송계문서에는 송계의 목적으로 "향토의 미화, 홍수의 방지, 도남벌 방지"가 기재되어 있다. 곗산의 산림을 잘 관리하여 향토의 미화를 유지하고 홍수를 방지하자는 것이다. 또한 소나무의 도벌과 남벌을 금지하여 공동 이용하는 곗산의 산림보호를 목적으로 한다.

관할은 "사촌동 산 53번지의 1, 동소 35번지의 1 및 그 임야내의 개간한 토지"라고 기재되어 있다. 중리에서는 사촌동 산 35번지의 1은 '뒷산', 산 53번지의 1은 '앞산'이라고 부른다. 뒷산은 매봉산의 일부다〈도 4〉.

송계문서에 다음과 같이 '부동산 표시'가 있다〈도 5〉.

여기에는 곗산 임야의 면적이 나타나 있다. 점곡면 사촌동 산 35번지 1은 임야 41정 8반보, 산 53번지 1은 21정 8반보로 기재되어 있다. 결성 당시 곗산의 면적은 앞산과 뒷산이 각각 1.5정보(1정보는 3,000평)였다. 이 송계문서는 1964년의 것이므로 약 30년간에 상당히 곗산을 확보하였음을 알 수 있다.

〈도 5〉 송계문서의 부동산 표시

2) 송계의 구성원

송계는 계원과 임원으로 구성된다. 임원에는 계장 1명, 유사 2명, 감시 2명이 있고 임기는 1년이다. 계장은 계의 대표자이고 유사는 계장을 보좌하여 모든 수입금을 징수하여 계장에게 납부한다. 송계의 문서와 장부는 계장이 관리하고 보관한다. 감시가 2명이라고 기재되어 있는데 이는 곗산의 도벌을 감시하는 역할이다. 예전에는 '산 보는 사람' 또는 '산간수山看守'라고 하였다. 앞산과 뒷산에 각각 1명의 산간수를 두었다. 산간수의 보수는 고무신 한 켤레였다.

3) 송계의 총회

송계의 모임은 '계취契聚'라고 하였고, 정월과 음력 8월에 개최하였다. 정월 계취에서는 임원을 선정하였고 임원의 임기는 정월에서 음력 12월까지였다. 송계 규약 7번 항목에는 매년 8월 15일 정기총회에서 산지 사용료를 결정하고 이를 유사가 징수한다고 기재되어 있다. 산지 사용료를 결정할 때, 전계원이 임야를 직접 답사하여 사용료를 결정하는 것을 "곡수穀數 매긴다"고 한다. 이에 대해서는 [3. 산전]에서 살펴보기로 한다.

송계 규약의 마지막에 "본 규약은 고본 멸실 우려로 1981년 12월 15일 재제"라고 기재되어 있다. 이 글에 의하면 1964년의 문서를 1981년에 옮겨 적은 것이다. 현재 (2011) 1964년 이전의 문서는 분실되었다.

2. 땔감의 조달

사촌2리 주변에는 안동 김씨의 문중산이 많다. 안동 김씨 이외의 각성바지는 안동 김씨의 문중산에서 땔감을 할 수 없었다. 홍수석씨의 부친을 포함한 35명은 송계를 결성하여 곗산을 마련했다. 앞산과 뒷산은 그 당시 군유림이었다.

계원들은 수시로 곗산에 땔감을 하러 갈 수 있다. 평상시 개인적으로 앞산과 뒷산에서 땔감을 조달할 때는 소나무의 생가지는 치면 안 된다. 곗산에서는 주로 '갈비', '속새', '알차리', 잡나무 등을 땔감으로 마련하였다. 소나무의 낙엽(솔가리)을 이 지역에서는 '갈비'라고 한다. '속새'와 같은 풀도 땔감으로 이용했다. '알차리'는 '소나무의 죽은 가지'를 말한다. 이러한 명칭은 지역마다 다르다.

낫과 새끼줄을 가지고 지게를 지고 산에 간다. 갈비를 긁어모으고 알차리는 낫으로 친다. 준비해 간 새끼줄로 '나뭇단'을 묶는다. 한 지게에 나뭇단 4~5단을 실을 수 있다. 이것이 지게 '한 짐'이다. 나뭇단을 지게꼬리로 잡아매고 집으로 운반한다.

동짓달과 섣달에는 면面의 산림계에 '솔치기'의 허가를 받아서 송계원松契員들이 같이 곗산에서 나무를 한다. '솔치기'는 소나무의 나무가지를 치는 것이다. 해마다 교대로 앞산과 뒷산의 솔치기를 한다. 계원들이 곗산에 나무를 하러 갈 때는 "솔하러 가자"고 한다. 소나무의 생가지를 쳐서 단으로 만든다. 이를 '솔갓단'이라고 한다. 솔갓단을 계원들이 똑같이 분배한다. 솔갓단은 소 등이나 수레에 실어서 집으로 운반했다. 지게 5~6짐이 '한 수레'다. 한 가구家口가 겨울을 나는 데는 10수레 정도의 땔감이 필요했다. 운반해 온 솔갓단은 나무 '비까리'를 만들어 겨울에 땔감으로 이용했다. '비까리'는 볏단을 쌓은 '볏가리'에서 비롯된 말로 '나무 더미'를 뜻한다.

3. 산전山田

전게前揭한 송계 규약 2번의 관할 내용 중에 '임야 내의 개간한 토지'가 기재되어 있다. 개간한 토지는 '산전山田'이다. 홍수석씨는 20세 때에 매봉산(뒷산)에서 산전을 개간하였다. 앞산은 돌이 많아서 산전도 묘지도 만들 수 없으니 땔감 조달용으로만 이용하였다. 사촌리의 산의 돌은 주로 청석靑石이다. 이 청석은 햇빛을 오래 받으면 부서져버린다. 산에 있는 청석은 건축용으로도 사용할 수 없고 청석이 있는 산은 농경도 어려워 이용가치가 낮으므로 악산惡山이라고 표현한다.

홍씨는 산전을 개간할 때 괭이로 밭을 일구었다. 이를 "괭이로 쪼았다"고 표현하고 산을 개간한 것을 "산을 쨌다(쪼았다)"고 한다. 산을 쪼아서 만든 밭을 '신곗답新契畓'이라고 했다. 신곗답은 계원이 개간하고 싶은 장소에 자신의 역량에 맞는 넓이의 토지를 정한다. 홍씨는 '큰골'에서 800평 정도를 개간했다. 큰골에서는 세 사람이 산전을 개척했다. 나머지 두 사람은 각각 700평, 300평을 개간하였다.

홍씨가 개간한 큰골에는 나무가 거의 없었다. 괭이로 쪼고 봄에 소牛에 '홀칭이'를 걸어 밭을 만들었다. 논밭을 가는 쟁기를 이 지역에서는 '홀칭이'라고 부른다. 개간한 첫해는 농작물의 수확을 경작자가 전부 소유하였다. 개간의 대가代價인 셈이다.

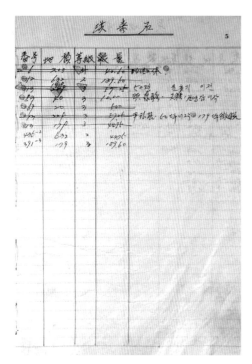

〈도 6〉 곡수장부

다음 해부터 수확량의 3분의 1을 곡수穀數로 송계에 납부하였다. 여기서 곡수는 도조賭租나 소작료의 뜻이다. 곡수를 거두어들이는 일은 2명의 유사가 담당하였다.

다음 사진은 중리의 '곡수장부'다 〈도 6〉.

기재 항목에는 번호, 지적地積, 등급, 곡량穀糧이 있다. 번호는 지번地番이고, 지적은 경작지의 면적이다. 곡량은 곡수와 같은 뜻이다. 장부에는 휴경休耕과 이작移作 등의 경작상황도 기재되어 있다.

경작전은 토질이 좋은 순으로 1등급에서 3등급까지 등급을 정한다. 등급 외의 산전도 있다. 등급별로 1마지기당 소작료의 금액을 정한다. 이를 "곡수를 매긴다"고 한다. 이 지역에서는 밭 한 마지기는 200평이다. 소작료는 송계원들이 '계취'에서 합의하여 결정한 등급별로 정해진 곡수나 금액을 지불했다. 홍수석씨의 800평의 곗답은 한 떼기(같은 구획)이지만 600평은 2등급이고 200평은 3등급이다. 장부에는 632평이 2등급, 179평이 3등급으로 기재되어 있다.

여기서 송계 규약 7번 항목을 다시 한 번 보자. 산전의 사용료를 징수할 때는 "매년 8월 15일 정기총회에서 전계원의 직접답사로써 사용료를 결정, 유사가 징수한다"고 기재되어 있다. 이것은 그 해의 농사의 작황을 고려하여 곡수를 매겼다는 것이다. 홍씨는 20세 때에 송계원이 되었다. 1950년 무렵이다. 홍씨의 설명에 의하면 실제로는 1964년 송계규약 7번 항목의 내용과 같이 매년 답사가 이루어지지는 않았다. 산전에서는 주로 담배나 고추를 재배했는데 한 번 곡수를 매기면 거의 고정적이었다. 농작물을 바꾸었거나 작황이 크게 변동되었을 때는 경작지를 다시 답사하여 곡수를 매겼다.

홍씨는 산전에서 담배를 경작하였다. 담배의 경작법은 다음과 같다.

정월에 집앞 텃밭에 담배씨를 파종하여 담배 묘상苗床을 만든다. 추우니까 묘상에는 담요를 덮어주고 하루에 한 번씩 미지근한 물을 준다. 음력 2~3월에 담배의 모종을 밭에 이식한다. 모종을 이식하기 전에 밭에 거름과 비료를 주고 두둑을 만든다. 두둑의 폭은 석자(한 자는 약 30cm)다. 홀칭이로 네 번의 거웃으로 두둑을 만들고 한 자 간격으로 두둑에 담배 모종을 심는다. 담뱃잎의 1차 수확은 음력 6월에 첫 잎을 딴다. 담뱃잎은 한 그루에서 2~3잎을 딴다. 음력 8월초까지 3~4차례 담뱃잎을 수확한다. 개간지는 길이 나빠서 수레가 들어갈 수 없었다. 수확한 담뱃잎을 다발로 묶어서 바지게에 싣고 수레가 있는 곳까지 지어 나른다. 담뱃잎은 담배 건조장에서 '둥거리'를 때서 담배를 말린다. 이 지역에서는 나무 장작을 '둥거리' 또는 '둥거지'라고 한다. 홍씨가 수확한 담뱃잎을 건조시키기 위해서는 장작이 20수레 정도 필요했다.

〈도 7〉은 사촌 2리에 남아있는 담배 건조장이다. 흙담으로 쌓았다. 사촌리에는 이러한 담배 건조장이 아직도 몇 곳에 남아있다.

〈도 8〉은 사촌 2리의 담배밭이다. 2011년 7월 27일의 담배의 성장상태다.

홍씨는 개간지에서 담배를 연작連作하였다. 겨울에 묘상을 만드는 일이나 담뱃잎을 말리는 작업 등 담배 농사는 매우 힘들었다. 홍씨는 "담배농사는 얼라(어린아이) 키우는 것보다 더 어려웠다"고 말한다. 그래도 담배는 현금 수입이 좋아서 퇴비와 비료를 주면서 매년 경작했다.

〈도 7〉 담배 건조장　　　　　　　　　　　　　　　　〈도 8〉 담배밭

4. 곗산契山의 변천

1) 송계의 신 규약

다음은 2000년도 중리의 송계규약이다〈도 9〉.

〈도 9〉 중리의 2000년도 송계규약 1 　　　　　〈도 10〉 중리의 2000년도 송계규약 2

새로운 규약은 다음과 같이 내용이 바뀌었다.

송계의 명칭은 중사애림회中沙愛林會로 개칭되었다. 조직의 목적은 "회원 상호간에 친목과 주민의 복지증진 및 자녀에 효사상을 고취시킨다"로 되어있다. 임원은 회장, 부회장, 총무 및 서기, 감사, 이사 등으로 호칭이 바뀌고 조직의 임무는 "재산의 관리와 증식 및 애림사상을 홍보한다"는 것이다. 여기서 재산은 곗산이다. 규약의 마지막에 재산 목록으로 곗산의 지번과 면적을 기재하고 있다.

2) 곗산의 개인재산화

2000년 무렵부터 송계의 공유재산인 곗산의 산전을 개간자에게 매수하도록 하였다. 다음은 그 관련 서류다.

〈도 11〉 송계 각서   〈도 12〉 토지 매매 계약서

〈도 11〉의 각서에는 다음과 같은 내용이 적혀있다.

아래 본인은 귀회의 상기 부동산 황무지를 개간하여 옥토로 일군 대가로 일반 소작인 보다 저렴한 곡수로 경작하여 왔으나, 금번 귀회의 매도방침에 의하여 2003년 12월 7일까지 본인이 매수치 못할 시에는 다른 사람에게 매도하여도 하등의 의의가 없음을 이에 각서를 제출합니다.

홍씨는 2000년 1월에 각서를 작성하고 2004년 1월에 토지매매의 계약을 하였다.[1] 이로써 송계의 공유재산이 개인재산으로 되었다.

5. 마무리

전통사회에서 살아온 사람들에게 산야이용은 필수 불가결이었다. 산에서 땔감을 조달하였고 산을 개간하여 산전을 일구었다. 홍씨는 산전에서 담배를 연작하였다. 그리고 묘지를 마련했다. 주로 매장埋葬으로 장례를 하던 때에는 묘지를 확보하기 위해서 산이 있어야 했다.

그러나 지금은 땔감으로 나무가 필요 없고 장례법도 바뀌고 있다. 2011년 4월 4일 보건복지부에서 발표한 자료에 의하면, 지금은 장례방법으로 매장(15.1%)보다 화장(79.3%)을 크게 선호한다. 2009년에는 화장률이 65.0%였고 화장은 계속 증가 추세다. 화장한 후 유골의 안치장소는 산이 아닌 여러 곳에 가능하다.

이러한 시대의 흐름에 따라 중리의 송계도 변천하였다. 중리의 송계는 곗산의 공동이용을 위한 산림보호와 소나무의 도벌과 남벌을 금禁하는 본디의 목적은 상실되었고 송계의 공유재산은 개인재산으로 전환되었다.

1_ 계약서의 대금관계 금액은 삭제하였다.

제2부

부안 사람들의
생활사

호남평야의 서남부에 위치한
전라북도 부안군에는
산촌마을, 평야지대의 마을, 갯마을, 섬마을이 있다.
부안에는 살기 좋은 곳이라
살아 있을 때는
부안에 산다는 뜻으로
'생거부안生居扶安'이라는 말이 전승된다.

부안군의 지리환경을 살펴보자.

　　부안군의 동부 쪽에는 넓은 평야지대가 펼쳐져 있다. 이 지역은 주곡농업권이다. 서남부에는 변산반도가 있다. 변산의 최고봉은 의상봉(표고 508m)이고, 내변산의 산악지대에는 산촌마을이 있다.

　　서해안과 접해있는 수산업권의 어촌과 서해안 해상에는 부안군에 속해 있는 섬들이 있다.

　　동부의 평야지대에서 생산되는 식량이 풍부하고, 서남부의 산악지대에는 전통사회에서 필수였던 땔감이 많다. 그리고 서해의 바다와 접하고 있어서 생선과 소금(자염)이 있다. 그래서 부안에는 '생거부안生居扶安'이라는 말이 전승된다.

　　부안의 전통사회의 산촌마을, 평야지대의 마을, 갯마을, 섬마을의 사람들은 어떻게 살아왔을까. 전통사회에서 농업은 기본 생업이다. 육지에서 뿐만 아니라 섬에서도 농사를 짓는다. 농사가 어려운 섬도 있지만, 대부분의 섬마을에서는 농업이 이루어진다.

　　본고에서는 평야지대, 산지, 바닷가, 섬의 촌락지역별로 농사의 생산기술과 민속을 살펴본다. 사투리나 용어의 지역어는 가능한 원어를 적고 ( )안에 의미를 나타내었다. 24절기는 이해를 돕기 위해 매번 양력을 표시하였다.

제1장

평야지대 사람들의 농작물의 생산기술과 민속

상서면은 부안군의 중부에 위치한 면으로 통정리는 상서면의 북동쪽의 평야지대
다. 통정리의 김영두씨(1931년생, 남)는 농업을 생업으로 삶을 꾸려왔다. 상서면 통정
리의 사례로 부안의 평야지대 마을의 전통농법을 살펴본다.

1. 벼농사

이 지역의 논과 밭의 비율은 8:2다. 논은 200평, 밭은 150평이 1마지기다. 1필지
는 1,200평이다. 김씨가 경작하는 논의 구조는 다음과 같다.

- ▼ 수랑배미 3필지(3,600평) : 수렁배미를 뜻함. 물이 잘 빠지지 않는 논
- ▼ 개간지 1정보(3,000평)
- ▼ 통정리 앞들 3필지(3,600평)
- ▼ 분장 마을(장동리) 2필지(2,400평)
- ▼ 청호 앞 3~4필지(3,600~4,800평) : 청호저수지(하서면 청호리) 앞의 논

▼텃논(밭을 논으로 전환시킨 논) : 개답한 논. 1필지(1,200평). 저수지에서 물이 내려오게
　　되면서 논으로 전환시켰다.

예전에는 전부 하늘만 바라보는 천수답이었다. 1960년대에 저수지가 생겼다. 저
수지가 생기고 옥토가 되었다.

1) 논 만들기

봄에 제일 먼저 하는 일은 논 두락(두렁)을 보수하는 일이다. 논의 물이 안 새게
논 두락을 삽질해서 깎고 붙인다.

풀이 많이 나는 논은 가을에 수확 후에 논을 갈아 놓는다. 벼의 수확은 음력 9~10월
무렵이다. 초가을 음력 10월 말경에 논갈이를 한다. 이를 "초경을 떠 놓는다"고 한다.

봄에는 논을 보통 2번 갈았다. 초벌은 음력 3월에 논갈이를 한다. 두벌은 초벌
20일 후에 간다. 음력 4월 초순에 저수지의 물이 내려온다. 이렇게 가을과 봄에 전부
세 번 논갈이를 한다. 두벌갈이를 하고 논에 물을 넣는 경우가 있고, 물을 넣고 두벌
갈이를 하는 경우가 있다. 땅이 좋으냐 박하냐(나쁘냐)에 따라 논갈이는 다르다. 나쁜
땅도 미리 갈아두면 좋다. 논밭의 농토는 옆에 있는 논도 토질이 다르다. 가을에 미
리 논을 갈아두면 풀이 덜 난다.

농사는 삯꾼을 사서 했다. 경작하는 논을 전담하는 '쟁기질꾼'이 3~4명 있었다.
이 마을에는 쟁기질꾼이 1~2명 있었다. 쟁기질꾼은 각 논의 가까운 마을의 사람을
쓴다. 하서면의 청호저수지 앞의 논의 쟁기질은 청호리의 쟁기질꾼에게 의뢰한다.
쟁기질은 기술이 필요하다.

쟁기질은 1년 계약으로 삯은 필지 당 계산해서 지불한다. 가을에 나락으로 주거
나 봄에 돈으로 준다. 1필지의 쟁기질 삯으로 쌀 4~5말을 주었다. 1970년대에는 돈
으로도 지불하였다. 하루에 보통 1필지 반~2필지를 간다. 힘 좋은 황소로 잘 가는
경우는 3필지까지 간다. 쟁기질꾼이 소를 데리고 온다. 쟁기질꾼을 썼기 때문에 소

는 키우지 않았다.

2) 논에 거름주기

논에 거름으로 인분은 쓰지 않았다. 봄에 모내기를 하기 전에 퇴비를 논에 깐다. 퇴비는 멥재(왕겨), 지푸라기 등을 띄워서(삭혀서) 만든다. 음력 7월부터 다음해 봄 음력 3월까지 퇴비를 만든다. 퇴비장은 논이나 밭모퉁이에 만든다. 논에 물을 받기 전에 마른논에 퇴비를 깔고 논을 간다. 기계가 나온 후부터는 나락짚을 썰어서 논갈이 전에 논에 깔아 놓는다.

예전에도 유안비료가 많이 나왔다. 못자리에 자라는 40일 동안에 웃비(웃비료)로 준다. 박한 땅에는 2번 준다. 모가 4~5cm 자랐을 때 한 번 주고, 다시 자라면 또 준다.

3) 모판 만들기와 볍씨 뿌리기

못자리 만들기는 음력 3월 초순부터 시작한다. 1필지(1,200평)의 논에는 못자리를 200평정도 마련한다.

못자리의 퇴비는 아궁이의 재, 멥재, 쇠똥 등을 띄운 것을 사용한다. 씨뿌리기 1주일 전에 벼종자를 물에 넣어 싹을 틔운다. 싹이 트는 것을 "아구가 튼다"고 한다. 종자를 못자리판에 삐운다(뿌린다).

4) 모내기

볍씨를 뿌리고 35~40일 후에 모내기를 한다. 음력 4월 말에서 음력5월 10일 경에 모내기를 한다. 마을회의를 해서 날을 잡아 마을사람들이 총출동해서 동네 전체가 모내기를 했다. 하지(양력 6월 21일 경) 전후 3일까지를 모내기 기간으로 본다. 늦으면 하지 3일 후까지 모내기를 하는 경우도 있다. 이 지역에는 모는 "하지까지는 내 몸을 땅에 묻어다오"라고 한다는 말이 전승된다. 보리거리(보리 수확)가 망종(양력 6월 6일경) 무렵인 양력 6월 2일부터 6월 10일에 이루어진다. 보리거리가 끝나고 모심기를 하기도 한다.

산골에 있는 좁은 다랑이 논에서는 막모(허튼모)를 했으나, 이곳에 넓은 논에서는 줄모로 모를 심었다. 이 지역은 평야지대라서 줄모가 빨리 시작되었다. 새마을 운동 전부터 줄모로 심었다. 줄모가 빠르고 고랑이 나니까 풀잡기(김매기)도 좋다. 김매기를 "지심 맨다"고 한다. 지심을 맬 때는 두레(풍악)가 있었다.

5) 수확에서 탈곡과 도정까지

나락은 초복이 되면 '한 살', 중복 때는 '두 살', 말복 때는 '세 살'이 된다. 나락이 세 살이 되면 잉태를 한다. 말복이 지나면 나락 이삭이 팬다. 모심고 120일이면 나락을 벤다. 음력 8월 추석 무렵에 수확을 시작해서 음력 10월까지 끝낸다.

나락 건조는 나락을 베는 시기에 따라 다르다. 보통 3~4일 정도 말린다. 나락은 일찍 베면 수분이 20~25% 정도다. 고실라질 때(나락이 벨 때가 지난 경우) 베면 수분이 18~19%로, 햇살 좋은 날은 하루만 햇볕에 말려도 된다. 고실라진 다음에 베면 쌀이 나빠진다고 하지만 예전에는 대부분 고실라질 때 베었다.

예전에 나락은 '홀태'로 훑었다. 이 지역에서 홀태를 세는 단위는 '가락'이다. 그 다음에 사용한 탈곡기를 '나락메기는 기계'라고 불렀다.

홀태로 훑는 데도 기술이 필요하다. 탈곡이 덜 되어 나락 모가지(벼 이삭)가 덜 떨어져 볏짚이 붙어있는 상태의 나락을 '현데기'라고 한다. 나락을 잘 펴서 훑으면 현데기가 적게 생긴다. 현데기는 별도로 나무 메겡이(메)로 살살 두들겨서 나락 모가지를 털어낸다.

멍석을 깔고 얼레미(또는 얼맹이)를 치면 '몽근 나락'은 밑으로 떨어진다. 이를 '얼레미질'이라고 한다. 나락치는 얼맹이가 따로 있다. 멍석을 마당에 깔고, 그 위에 탈곡한 벼를 펴서 말린다. 벼가 골고루 잘 마르게 당그래질을 한다.

정미소가 생기기 전에는 도구통(절구의 전라도 말)에 찧어 정미를 했다. 이는 여자들의 일이다.

왜정 때부터 쌀을 공판에 내었다. 매년 공판의 양은 정해져 있다. 방앗간에 개인적으로 팔기도 했다. 쌀은 방앗간에서 실어간다. 방앗간에서는 가격을 더 쳐주기도 했다. 1960~1970년대는 1필지에서 90kg 가마니로 27~28가마니가 생산되었다. 가마니 2개가 '1섬'이다. 왜정 때는 광목 푸대(부대)라서 잘 찢어졌다. 그 후에 마대, 나일롱 푸대가 나왔다. 80kg 푸대의 단위는 '1짝'이다.

2. 논보리

보리농사는 밭보리는 경작하지 않고, 논보리를 심었다.

벼를 수확하고 입동(양력 11월 8일경) 안에 보리를 갈아야 한다. 보리를 갈 때, 벼 그루는 제거하지 않아도 된다. 이 지역에서는 벼 그루를 '모폭시(또는 볏포기)'라고 한다.

밑거름으로는 퇴비를 주었다. 퇴비가 모자라서 보리를 많이 농사짓지 못했다. 망종(양력 6월 6일경) 안에 수확한다. 망종이 '보리 환갑'이다. 보리거리(보리 수확) 후에 논에 모를 심는다.

보리는 낫으로 베어 다발은 작게 만든다. 지게로 지고 집으로 운반한다. 마당을 깨끗이 쓸고 맨땅에서 탈곡을 한다. 멍석을 깔고 하는 경우는 적었다. 주로 나무 도구통을 옆으로 눕혀 놓고 두들겼다. 새내끼(새끼)로 묶은 보리 다발을 좌우로 번갈아가며 도구통에 내리친다. 이를 '자리개질'이라고 한다. 이렇게 3~4번 내리쳐서 탈곡을 한다.

탈곡한 보리를 얼레미질을 하면서 바람에 들인다. 보리 얼레미가 나락 얼레미보다 좀 더 베다. 보리는 '도구통'에서 찧어 먹었다. 주로 여자가 '도굿대'로 찧었고 '메겡이질'은 남자가 했다. 가마니에 담아서 보관했다.

어느 집이든지 도구통과 '확독'이 있었다. 보리밥을 할 때는 보리밥이 부드러우라고 확독에 갈아서 밥을 해 먹었다.

3. 콩농사

김영두씨가 경작하는 밭의 구조는 다음과 같다.

▼ 텃논(밭을 논으로 전환시킨 논) 2마지기 : 1960년대에 논으로 전환시키기 전까지 밭농사.
▼ 분장넘어가는 길에 밭 1마지기 : 고추, 참깨, 땅콩, 기장, 콩 등 집에서 먹을 것을
조금씩 재배했다. 밭에는 보리를 심지 않았다.

밑거름으로 겨울에 인분을 밭에 뿌려둔다. 콩밭은 쟁기로 초벌 갈고 써레질을
한다. 그 다음에 두둑을 짓기 위해서 골을 탄다. 쟁기로 4번 떠서 4거웃을 치고 두둑
을 만든다. 두둑 폭은 50cm 정도다. 콩은 두둑에 심는다.

검은콩은 두 종류가 있다. 알이 작은 검은콩을 '중절이콩(약콩)'이라고 한다. 중절
이콩은 베게 심는다. 메주콩과 검은콩(큰콩)은 드물게 심는다. 메주콩일 경우, 50cm
두둑에 2줄로 심는다. 호미로 구멍을 파서 1구멍에 콩씨 2~3개를 넣는다. 콩씨를 넣
는 구멍을 '콩구녁'이라고 한다. 콩구녁의 간격은 20cm 정도다.

콩의 종류와 상관없이 논두락에 심는 콩을 '논두락콩(논두렁콩)'이라고 한다. 논과
논 사이의 두둑은 좁으니까 양쪽의 넓은 두둑에 심는다. 막대기나 대나무로 4~5cm
깊이의 구멍을 내어 20~30cm 간격으로 심는다.

모내기를 하고 나서 콩을 심는다. 음력 5월 30일에서 음력 6월 30일까지 심는다.
콩밭은 1~2번 김매기를 한다. 콩이 우거지면 풀이 덜 난다. 음력 9~10월에 수확한다.
낫으로 베어서 마당에서 도리깨로 두들겨서 탈곡한다. 도리깨는 두들기는 부분을
'살', 자루 부분을 '도리깨채'라고 한다. 살은 대나무나 싸리채나무로 만들었다.

제2장

산촌마을 사람들의 생산기술과 민속

변산면 중계리 중계마을과 하서면 백련리 대광마을의 사례를 중심으로 부안의 산촌마을 사람들의 생업을 살펴본다.

1. 소 키우기

〈사례 1〉 변산면 중계리의 김영순씨(1934년생, 남), 이금호씨(1939년생, 남)

이 마을은 변산면에서 가장 산촌마을이다. 예전에는 산내면에 속했다. 묵정, 청문, 중계, 조령(새재), 삼두, 용기 등의 자연마을이 있었다. 1987년에 변산면으로 개칭되었다. 예전에 중계리에는 200가호 이상 있었다.

이 지역의 논과 밭의 비율은 3 : 7이다. 밭농사는 보리, 고구마, 콩, 수수, 서숙(조) 등을 재배한다.

내변산의 산골마을에서는 소를 키웠다. 젊은 남정네는 평야지대로 머슴살이를 갔다. 이지역의 산촌마을에서는 '산지山地'의 대칭어로 평야지대를 '야지野地'라고 부른다. 이 마을은 농우와 사람이 야지로 품 팔러 가는 산촌마을이다.

이 마을에서는 가호마다 농우 1~3마리를 키웠다. 음력 4월부터 음력 10월까지는

〈도 1〉 **소죽통** 상서면 청림리 거석마을의 김양순씨 댁에서 사용하던 것이다. 돌로 만든 소죽통이다.

〈도 2〉 **갈구쟁이** 상서면 청림리 거석마을 김양순씨 댁에서 사용하던 것이다. 구부러진 모양의 소나무로 만들었다.

산에서 소에게 꼴을 먹이며 키운다. 소에게 먹이는 풀을 이 지역에서는 '깔(꼴)'이라고 한다. 음력 11월부터 음력 3월까지는 외양간에서 소죽을 먹이면서 키운다. 여물을 소죽솥에서 끓여서 소죽통에 담아준다〈도 1〉.

여물용 풀은 추분(양력 9월 23일경) 이후에 수확한다. 너무 빨리 베면 썩으니까, 풀의 수분이 내려간 후에 베는 것이다. 소의 겨울 사료인 풀을 채취하는 밭을 '촛갓'이라고 한다. 이 마을의 촛갓은 주로 개울갓(개울가)에 있는 국유지인데 관습적으로 소유권을 주장하지만 매매는 하지 않았다. 농사는 지을 수 없는 땅이다.

낫으로 풀을 베어 촛갓에서 단으로 묶는다. 3단씩 묶어 한 묶음으로 묶는다. 이렇게 묶는 것을 "상투를 튼다"고 한다. 상투를 틀어 묶음을 만드는 것을 '조배기 진다'고 한다.

촛갓에 나는 풀 중에 '우둥'은 소메기(소먹이)로도 하고, 소금물에 삶아 말려서 비를 만들었다. 이것을 '우둥 빗자락'이라고 한다. 부드러워서 방비로 쓴다.

겨울에는 건초(깔을 말린 것), 고구마순, 콩대 등을 작두로 썰어서 여물을 만든다. 가마솥에서 여물로 소죽을 쑨다. 소에게 아침과 저녁은 소죽을 쑤어주고, 점심은 '마른 여물'을 준다. 소죽을 쑬 때, 저어주는 도구를 '갈구쟁이'라고 한다〈도 2〉.

이 지역에서 논농사를 짓는 사람은 볏짚으로 지붕

을 이기도 한다. 볏짚 지붕은 1년에 한 번 간다. 이 지역의 볏짚은 길이가 짧았다. 나락의 종류가 아니라, 토질이 척박해서 벼가 잘 자라지 못한다. 그래서 지붕용으로 볏짚을 많이 사용하지 않고, 대부분이 '새때비(억새)'와 '띠茅'로 지붕을 덮었는데 띠는 많지 않고, 새때비 지붕이 많았다. 띠는 주로 자리席를 만들었다. 새때비와 띠로 이은 지붕은 2년에 한 번 교체한다. 지붕 재료는 산야에서 남자들이 조달한다. 음력 11월이 지나서 새때비와 띠가 물이 완전히 내리고 나서 채취한다.

〈사례 2〉 하서면 백련리 대광마을의 류홍렬씨(1931년생, 남)

류씨는 19살부터 소를 키웠다. 소의 월동사료는 입추(양력 8월 8일경)에서 음력 8월 추석 무렵까지 산에서 갈대를 채취하여 건조시킨다. 갈대풀과 고구마순, 콩깍지 등을 작두로 썰어서 여물을 만든다. 점심은 건초를 주고, 아침과 저녁은 삶아서 소죽을 준다.

2. 멧소

〈사례 3〉 변산면 중계리의 김영순씨(1934년생, 남), 이금호씨(1939년생, 남)

봄 음력 3월부터 농번기 모 심을 때, 이 마을의 농우는 야지野地로 간다. 이를 "메(멧소) 내 놓는다"고 한다.

이 지역에서 멧소를 보내는 야지는 부안읍, 하서면, 행안면, 백산면, 상서면, 동진면 등이다. 야지에서는 소를 키우기가 어려우니까, 농번기 전에 소를 데리러 온다.

멧소는 계약조건에 따라 삯이 다르다. 좋은 소는 쌀 1~3짝까지 받는다. 1짝은 쌀 90kg들이 1가마니다. 지금은 80kg이 한 짝이다. 3짝 이상 받는 소는 최상의 소라고 할 수 있는데, 이 지역에서는 3짝 이상 삯을 받은 적은 없다.

흥정을 해서 삯을 정한다. 삯은 완불하지 않는다. 계약금으로 쌀을 일부 주고 소를 데리고 간다. 중간에 소가 일을 못하고 돌아오는 경우가 있다. 일을 못하는 소는 되돌림

받는다. 또는 소를 빌려간 집에서 소를 혹사 시켜서 소가 일을 못하게 되어 돌아오는 경우도 간혹 있다. 삯으로 받는 쌀은 '멧쌀'이라고 한다. 멧쌀은 받으러 간다. 지게로 운반했다.

소의 임대기간은 주로 음력 3월부터 음력 7월 무렵이다. 야지에서는 주로 논 농사를 짓고, 이 지역에서는 음력 7월부터 밭농사를 시작한다. 조와 기장을 간다. 이때는 이 지역에서 농우를 이용한다. 그렇기 때문에 대부분 음력 7월에 농우가 돌아온다.

멧소는 전부 암소다. 황소는 사나워서 못 키운다. 종우소로 한 마을에 황소가 1~2마리 있다. 멧소는 새끼도 같이 보낸다. 새끼를 배고 야지로 가는 경우가 많아서, 돌아올 때는 새끼를 낳아서 온다. 멧소를 빌려간 사람이 송아지도 키워준다. 수소가 태어나면 시장에 판다.

이 지역에서는 깔쟁기(갈쟁기, 도 3)를 사용한다. 깔쟁기는 흙이 좌우로 넘어간다. '양쟁기(왜쟁기)'는 흙밥이 한쪽으로 넘어간다. 야지에서는 양쟁기를 사용한다. 여기 는 양쟁기는 사용하지 못한다.

〈도 3〉 깔쟁기 하서면 백련리 소광마을에서 사용하던 것이다. 산촌마을의 비탈진 밭, 돌이 많은 밭을 갈기에는 깔쟁기가 적합하다.

큰 소(나이 찬 소)를 야지로 보내고 농우가 없는 시기에는, 이 마을에서는 2~3살 먹은 어린소를 길들여 사용한다.

멧소는 3~4살 때 쟁기질을 연습시킨다. 5~6살 되어야 쟁기질을 한다. 소 주인과 소가 같이 야지로 가는 경우도 있다. 이럴 때는 소를 말 잘 듣게 훈련을 시켜서 나간다. 샀은 [사람+소]의 품삯을 받는다. 쟁기질은 젊은 사람이 하는데, 젊은 사람은 머슴 살러 나가니까 이 마을에서는 소와 사람이 같이 나가는 경우는 적었다.

이 지역의 멧소를 '산중소山中牛'라고도 부른다. 쟁기질꾼이 산중소를 빌려다 쓴다. 보통 4~5집의 논의 쟁기질을 한다. 빌려간 소는 거의 쉬는 날이 없다. 그래서 소가 살이 메말라서 오는 경우도 있다.

이 지역은 나무시장까지 멀어서 땔감은 거의 팔지 않았다. 주변은 대부분 국유림이었다. 땔감은 국유림에서 조달하였다. 산촌이지만 땔감 조달이 어려웠다. 이 지역에서는 나무하러 가는 것을 산에 간다고 한다. '깎음'이라는 말은 쓰지 않는다.

이 마을에서는 멧소가 유일한 수입원이었다. 젊은 남정네는 음력 3, 4월부터 야지로 머심(머슴) 살러 간다. 음력 11~12월 무렵에 돌아온다. 머슴살이의 품삯은 "새경 받는다"고 한다.

〈사례 4〉 하서면 백련리 대광마을의 류홍렬씨(1931년생, 남)

암소 농우를 의상봉(변산의 최고봉) '산중'에서 키워서 '야지'로 보낸다. 음력 3월 초순 무렵, 김제(전라북도 김제시)에서 와서 소를 데리고 갔다가 음력 7월에 소를 이 마을까지 데려다 준다.

보통 소는 삯으로 쌀 6짝을 받고, 힘세고 일 잘 하는 소는 1년에 10짝 이상을 받는다. 1짝은 쌀 한 가마니다. 예전에는 90kg이었고, 지금은 80kg이다.

야지로 소를 보내는 것을 "메 내준다"고 한다. 매년 멧소로 2마리를 야지에 보냈다.

화목(땔감)을 부안, 김제로 팔았다. 산판에서 1평의 장작을 소구루마(소달구지)에 싣고 운반한다. 이 지역에서 1평은 9자×6자로 쌓아올린 장작이다. 장작은 주로 참나무, 소나무가 많았다.

3. 보리농사

〈사례 5〉 하서면 백련리 대광마을의 류홍렬씨(1931년생, 남)

류씨의 밭은 3곳에 있었다. 9마지기, 4마지기, 3마지기가 있었다. 밭은 1마지기가 150평이다. 이 지역의 밭에는 돌이 많아서 깔쟁기로 밭을 갈았다. 깔쟁기로 하루에 2,000평을 간다. 밭농사는 보리, 밀, 고구마, 콩을 재배했다.

입동(양력 11월 8일경) 전 음력 9월 안에 보리를 파종한다. 쟁기로 밭을 갈고 보리는 고랑에 심는다. 고랑폭은 한뼘 정도다. 거름은 '똥질항'으로 운반한다. '소매통'은 쭉 나무로 만들었다.

보리는 망종 무렵에 수확한다.

4. 대나무 재배

〈사례 6〉 하서면 백련리 대광마을의 류홍렬씨(1931년생, 남)

대광마을은 변산의 골짜기에 위치하는 산촌마을이다. 예전에 이 마을에는 25가호가 살았다. 이 마을 사람들은 왕대를 재배하고, 밭을 일구며, 소를 키워서 생계를 꾸려왔다.

류씨는 개인산에서 왕대를 재배하여 팔았다. 왕대는 물고기를 잡는 장치인 어살의 재료로 사용된다.

초봄 음력 2월에 개인밭의 대나무를 톱으로 벤다. 베어낸 대나무를 6자 길이의 와이어줄로 묶는다. 양 쪽에서 각각 3~4명이 와이어를 잡어 당기어 다발을 만든다. 이 다발을 '한 자리개'라고 한다. 한 자리개는 쌀 6~7가마니의 값이다.

국유림에서는 참나무를 채취하여 어살의 말장용으로 팔았다. 말장은 크기별로 1~3호로 나누어진다. 1호는 30자(1자는 30.3cm), 2호는 17~18자, 3호는 12자 길이다.

제3장

갯마을 사람들의 농작물의 생산기술과 민속

부안군의 남쪽에 진서면 진서리의 구진마을이 있다. 고창군과 경계가 되고 있는 곰소만을 바라보는 갯마을이다. 어업, 제염업, 농업을 생업으로 한다. 구진마을의 김평수씨(1938년생, 남)의 사례를 통해서 부안의 갯마을 사람들의 전통농법과 민속을 살펴본다.

김평수씨가 경작한 논의 구조는 다음과 같다. 예전에는 1필지는 1,200평이었고 지금은 1,500평이다.

- ▼보안면 신활마을 산골논 8마지기(1,600평) : 육답
- ▼신활마을 앞논 1,000평 : 육답
- ▼신활마을 김병태씨(김평수씨 형님)논 1,000평
- ▼신활마을 앞논 1필지(1,200평) : 개답

육답은 제방 공사로 생긴 간척지에 만든 '개답'에 대한 대칭어다. 개답은 '제방논'이라고도 한다.

1. 벼농사

논갈이는 세 번 간다. '초벌갈이, 두벌갈이, 세벌갈이'라고 한다. 설 쇠고 초봄부터 초벌갈이를 시작하여, 모심기 10일 전인 하지(양력 6월 21일경)부터 약 한 달 사이에 세벌 갈이가 이루어진다. 하루갈이는 땅의 상태에 따라 갈 수 있는 면적이 다르다. 초벌갈이 의 경우 1필지 반, 두벌갈이는 1필지 조금 더, 세벌갈이는 2필지를 간다. 논갈이의 힘 좋은 소를 '대각大角'이라고 한다. 소뿔이 크다는 뜻으로 암소 구별 없이 이렇게 부른다.

초벌갈이 때, 쟁기질 두 거웃으로 두둑을 만든다. 이를 "두럭(두둑) 잡는다"고 한 다. 이 마을은 왜쟁기〈도 1〉를 사용하기에 쟁기 흙은 왼쪽으로 넘어간다.

예전에는 천수답이니까, 비가 와서 물이 많으면 초벌갈이 후에 논에 물을 잡는 다. 그러나 물의 상황에 따르니까 논에 물대기의 시기는 일정하지 않다. 초벌갈이 후에 밑거름으로 산에서 초봄의 연한 풀을 베어다가 깔아준다.

두벌갈이 때는 초벌갈이 때 만든 두둑을 가르면서 쟁기질을 한다. 이를 두둑을

〈도 1〉 왜쟁기 진서면 진서리 구진마을의 김평수씨댁에서 사용하던 것이다. 왜쟁기는 일제강점기 때, 일본에서 도입된 것이다. 그래서 왜(倭)쟁기다. 전통쟁기와 구분하기 위해 왜쟁기 또는 양쟁기라고 불렀다.

"빠갠다"고 한다. 그래서 두벌갈이가 힘들다. 세벌갈이는 써레질〈도 2〉을 하기 위해 논두럭을 실두럭으로 남겨둔다. 논이 얕아진다. 세벌갈이 후 써리질(써레질)을 한다. 써레질은 두 번 한다. 초벌에는 골을 따라 써리고, 두벌에는 반대 방향으로 가로로 써린다. 써레질 후, 괭이로 논을 고르고 모를 심는다.

논매기는 세 번 한다. 모심고 20일 후에 초벌, 다시 15일 후에 두벌, 10일 후에 세벌매기를 한다. 초벌과 두벌은 논호미〈도 3〉, 세벌은 손으로 한다. 세벌매기는 '아가씨' 또는 '만두리(만도리)'라고 한다.

구진마을에서 논매기는 남자들의 일이다. 논매기의 상일꾼은 호미질의 하루 품삯으로 쌀 5 되(반 말), 보통 일꾼은 쌀 4되를 받았다. 1필지 당 품삯을 정한

〈도 2〉 써레 진서면 진서리 구진마을의 김평수씨 댁에서 사용하던 것이다.

다. 한 사람이 하루에 200평 정도의 호미질(김매기)을 한다. 1필지의 경우 6명의 호미

〈도 3〉 논호미와 밭호미 진서면 진서리 구진마을의 김평수씨 집에서 사용하던 것이다. 왼쪽이 밭호미고 오른쪽이 논호미다. 논호미는 논매기의 초벌과 두벌매기까지 사용한다. 구진마을에서는 밭매기는 여자, 논매기는 남자가 한다. 밭호미와 논호미의 크기가 비교된다.

질꾼이 필요하지만, 분할되는 품삯을 높이기 위해서 힘 좋고 일 잘하는 장정들은 4~5명이 1필지의 논매기를 하는 경우도 있다.

양력 7월, 두벌매기 무렵에 논에 메루(멸구)가 생긴다. 이 무렵은 벼가 많이 자라서 논바닥이 보이지 않는다. 이 상태를 "나락밭이 짙다"고 한다. 아침에는 나락잎에 붙어있는 메루가 잘 떨어지지 않는다. 점심 때 무렵, 한 발(두 팔을 양쪽으로 벌린 길이, 약 1.5m) 정도 길이의 대나무로 나락을 수평으로 훑는다. 그러면 메루가 떨어진다. 떨어진 메루는 3~4일 후면 뛰기 시작한다. 이때 복어기름이나 상어기름을 사용한다. 상어기름은 비싸다. 곰소만에서는 봄에는 졸복과 검복, 여름에는 황복을 '꽁댕이배'로 잡았다. 이러한 복어의 애(창자)를 항아리에서 1년간 삭혀서 만든 것이 복어기름이다. 빨간색이다.

메루 퇴치는 두 사람이 앞뒤로 10m 간격으로 떨어져서 한다. 앞에 사람이 대접에 담은 복어기름을 대나무로 만든 작은 숟가락으로 한자리에 서서 세 방울씩 사방에 떨어뜨린다. 1필지에 복어기름 2컵(200mm) 정도를 떨어뜨린다. 기름이 잘 퍼지게 논에는 물을 넉넉히 넣는다. 복어기름은 물 위에 떨어지면 순식간에 퍼진다.

뒤에 있는 사람이 2m 길이 대나무로 벼를 쓸어준다. 나락잎에 붙어있는 메루가 떨어지면 복어기름이 묻어 뛰지 못하고 죽는다.

충해 퇴치로 들기름도 사용하지만, 복어기름이 들기름보다 약효가 좋다. 메루 이외에 '새'라고 하는 벼 충해가 있다. 새는 '폭새'와 '낱새'가 있는데, 폭새는 벼 포기(뿌리)를 갉아먹고, 낱새는 벼 잎을 낱개씩 갉아먹는다. 들기름은 메루 퇴치에는 유효하지만, 새는 퇴치하지 못한다.

들기름은 주로 육지에서 많이 사용한다. 이 지역은 바닷가 마을이라 복어기름을 사용했다.

나락을 심고 70~80일 후, 뿌리부터 5매두(마디)가 자라면 벼에 이삭이 열린다. 이를 "잉태 한다"고 한다. 나락모가지(모개)가 나왔을 때, 피를 제초하는 것을 '피사리'라고 한다. 피는 뿌리 뽑기가 힘드니까 칼이나 낫으로 베어낸다.

수확을 늘이기 위해서 상강(양력 10월 23일경)이 지나고 나락이 첫눈과 서리 맞은 후에 수확한다. 이 시기에 나락은 너무 여물어서 갈라진다. 이를 "나락 등이 터진다"고 한다.

나락을 수확하면 볏단을 묶어서 눈두럭에 '줄아리(줄가리)'를 쳐서 말린다. 뒤집어서 햇볕을 못받은 부분을 밖으로 내어 말리는 것을 '되줄아리'라고 한다. 탈곡이 가능하게 벼가 다 마르면, 볏단을 10다발씩 새암 정#자 모양으로 쌓아 놓는다. 이를 "발아리 놓는다"고 한다. 발아리는 지게 한 짐의 분량이다. 건조시킨 볏단은 지게꾼을 써서 집으로 운반한다. 이때 발아리 위에 우수로 한 다발을 더 얹어 놓는다. 이 볏단을 '더불어'라고 한다. 10짐 운반하면 지게 한 짐의 삯이 절약되니까, 지게 삯을 줄이기 위한 수단이다.

부안 지역의 지게에는 '목지게'와 '두다리 지게'가 있다. 목지게는 지겟가지가 한 나무로 되어 있는 것이다. 지게를 만들 때, 나뭇가지가 지겟가지 모양을 한 것을 채취한다. 두 다리 지게는 두 개의 나무를 이어서 만든 것이다. 목지게가 무게를 지탱하는 힘이 강하다. 그래서 산촌에서는 '목지게〈도 4〉', 자재를 쉽게 구할 수 없는 평야지대에서는 '두다리 지게〈도 5〉'를 사용하는 경우가 많다.

집으로 운반한 볏단은 벼이삭이 안쪽으로 들어가게 원추형으로 쌓이 올린다. 이를 '나락 베눌(볏가리)'이라고 한다. 베눌 꼭대기에 비가 새지 않도록 상투모양으로 씌우는 것을 '윤이저리(주저리)'라고 한다. 이 지역에는 "베눌이 삼 채라도 윤이저리가 첫째다"라는 말이 전승된다. 이는 윤이저리의 중요함을 강조한 말이다. 나락은 '홀태〈도 6〉'로 훑어서 탈곡했다.

예전에 이 지역에서는 "양석 먹는 논"은 최고로 좋은 논이다. 논 1마지기에서 쌀 두 가마니가 수확되는 논을 말한다. 이런 논을 '고라실(고래

〈도 4〉 목지게 강원도 강릉시 왕산면 고단리의 강원진씨(1939년생, 남)가 사용하는 것이다. 이 마을은 산촌마을이다.

〈도 5〉 두다리 지게
진서면 진서리 구진마을의 김평수씨가 사용하는 것이다.

〈도 6〉 홀태
진서면 진서리 구진마을의 김평수씨가 사용하던 것이다.

실' 또는 '골답'이라고 한다. '마석'은 한 가마니, '양석'은 두 가마니, '서른말배'는 세 가마니를 수확하는 논이다. 서른말배는 30말ヰ의 쌀을 수확하는 논배미라는 뜻이다.

이 마을에는 쟁기질꾼이 3~4명 있었다. 김씨도 6~7년간 이 마을의 쟁기질꾼을 한 경험이 있다. 쟁기질꾼은 일반 품팔이 일꾼보다 일당을 50% 더 많이 받았다. 쟁기질꾼 의 품삯은 마을마다 가격이 정해져있다. 이 마을에서는 초벌에서 세벌갈이와 써레질까 지의 계약으로 삯은 필지 당 계산해서 지불했다.

구진마을에서는 육염(자염)을 생산할 때, 많은 소가 필요했다. 제염과정에서 갯벌 갈이와 섯둥에 염토 채우기 작업에 소가 써레질과 나래질을 한다. 구진마을에서도 소를 키웠지만, 염토를 채울 때는 특히 많은 소가 필요해서 내변산의 산촌마을인 부 안군 변산면 중계리에서 소가 많이 왔다. 소는 조금 때는 섯둥 일을 하고 사리 때는 논·밭일을 했다.

2 소 키우기

구진마을의 소는 입동(양력 11월 8일경)에서 다음해 봄까지 우사牛舍에서 월동한다. 월동기간에는 주로 나락짚(볏짚)을 작두로 썰어서 만든 여물을 준다. 소 1마리가 겨울 나는데 2,400평에서 생산되는 볏짚이 필요하다.

일을 안하는 소는 월동 사료로 아침에만 죽을 쑤어준다. 점심과 저녁에는 생풀이나 건초를 준다. 이를 '야초'라고 한다.

그러나 농우소(일 하는 소)는 하루세끼 소죽을 준다. 소가 일을 할 때는 여름에도 하지가 지나고 세벌갈이 하는 기간까지 소죽을 쑤어준다. 소는 소죽을 먹어야 기운을 쓴다. 생풀(생식)을 주면 힘을 못쓴다.

소죽에는 방아 찧은 현미져(겨), 콩깍지 등을 섞고, 겉보리를 돌매(맷돌, 도 7)로 갈아 넣기도 한다.

소죽솥은 헛북장(헛방, 머슴방)에 철솥을 건다. '소죽통'은 소나무로 만들었다. 소죽을 퍼서 주는 박을 '탈박' 또는 '타래박'이라고 한다. 소나무를 둥글게 파서 만든 것이다.

〈도 7〉 돌매(맷돌) 부안지역의 맷돌이다.

3. 보리농사

보리는 '왕골보리'와 '장골보리'가 있다. 보리는 고랑에 파종한다. 왕골은 골(고랑)이 넓다는 뜻이고, 장골은 고랑이 좁고 길다는 뜻으로 농경지에 따른 보리농법에서 비롯된 말이다.

▼왕골보리 : 밭과 논에서 경작하는 보리다. 논보리는 육답과 개답에서 농사가 가능
　　하지만, 개답에는 염분이 있어서 보리가 더 잘된다. 밭의 경우는 판판하고 좋은
　　밭에서 경작한다. 고랑은 40cm, 두럭(두둑)은 15cm다.
▼장골보리 : 비탈밭에서 경작한다. 고랑은 15cm, 두럭은 10cm다.

　입동(양력 11월 8일경) 전에 보리씨를 뿌린다. 두 거웃으로 두둑을 만든다. 씨를 뿌
리고 밑거름으로 아궁이의 재를 고랑에 뿌린다. 괭이로 두둑의 흙을 덮어준다. 보리
씨 한 마지기는 150평(지금은 200평)이다.

　입춘(양력 2월 4일경)이 지나면 보리가 뿌리를 내린다. 입춘 전에는 새 뿌리가 나지
않는다. 입춘이 드는 시간이 지나야 새뿌리가 난다.

　정월 보름이 지나면 얼었던 땅이 풀리고 보리가 두 매두(마디) 자란다. 이 무렵에
인분을 웃거름으로 준다.

　보리는 네 매두가 되어야 모가지(모개)가 나온다. 음력 3월말 무렵, 보리가 팬다.
이 지역에서는 "보리 안패는 3월은 없고, 나락 안패는 7월은 없다"고 한다. 보리가
패고 일주일 후, 음력 4월초 무렵에 "보리의 살이 벌어진다".

　보리가 익을 무렵, 보리밭이 청색에서 노랗게 물들어간다. 보리가 노란 방울이
생길 때, 보리 꺼럭(꺼끄러기)을 불에 끄슬려서(그슬어서) 손으로 비벼서 먹는다. 이를
"보리타작하러 간다"고 한다.

　망종(양력 6월 6일경)에서 하지(양력 6월 21일경) 전까지 수확한다. 보리대가 80% 정도
마르고 나서 벤다. 보리를 낫으로 베어서 다발로 묶어 보리 베눌을 인다. 베눌에서
건조시킨다. 타작을 할 때, 보리를 베눌에서 집 마당으로 운반한다. 마당에 멍석을
깔거나, 또는 마당을 깨끗이 비로 쓸어 다발을 풀어 마당에 넌다. 햇살에 말린 보리
를 도리깨로 쳐서 탈곡을 한다. 도리깨질은 중학생 정도의 남자 아이도 일손을 도왔
다. 김씨도 중학생 때, 도리깨질을 도왔다. 오후 1~2시에 보리를 도리깨로 치면 보리
가 잘 건조하여 도리깨질 하기가 좋다. 도리깨질 후에 보리낟알이 떨어진 보리대(보
리짚)는 갈퀴(도 8)로 긁어모아 베눌을 만들어 건조시켜 땔감으로 이용했다. 아궁이에

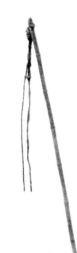

〈도 8〉 갈퀴 진서면 진서리 구진마을의 김평수씨 댁에서 사용하는 것이다.

〈도 9〉 도리깨
진서면 진서리 구진마을의 김평수씨 댁에서 사용하는 것이다.

서 보리대를 태우고 나온 재는 거름으로 활용했다.

도리깨〈도 9〉의 대는 왕대나무, 도리깨열은 윤여리나무로 만든다. 도리깨질로 탈곡한 보리낟알은 자연의 바닷바람으로 풍선風選하여 쭉정이나 먼지 등은 날리고, 보리의 낟알만 모아 1~2일 정도 건조시킨다. 예전에는 건조상태를 이齒로 깨물어서 확인했다. "딱" 소리가 나면 잘 건조된 것이다.

보리 탈곡 후, 도정해서 보리밥을 만드는 일은 주로 여자들의 일이다. 다음은 탈곡한 보리낟알의 겉껍질을 벗기는 과정으로, 이 마을 노갑례씨(1936년생, 여)의 설명이다.

보리낟알을 도구통(절구)에 넣고 찧는다. 보리의 껍질을 벗기기 위해 도구통〈도 10〉에 넣고 찧는 것을 이 지역에서는 '방애 찐다'고 한다.

방애는 혼자 찧거나 또는 둘이 찧는 경우도 있다. 초벌 보리 찧는 것을 '엽친다'고 한다. 엽칠 때 보리낟알이 7~8되일 경우, 물은 반 바가지 더 붓는다. 보리를 도구통에서 초벌 찧고 나서 말린다. 치(키, 도 11)로 까불리고, 얼맹이(어레미, 도 12)로 치면 보리쌀은 쳇불 구멍사이로 빠지고 '송시래미(보리껍질)'는 남는다.

다시 보리쌀을 도구통에 넣고 찧는다. 두 번째 보리 찧는 것을 "대낀다"고 한다.

〈도 10〉 **도구통** 진서면 진서리 구진마을의 노갑례씨가 사용하던 도구통(돌로 만든 것)과 도굿대다.

〈도 11〉 **치(키)** 진서면 진서리 구진마을 김용녀씨(1927년생, 여)가 사용하던 것이다.

〈도 12〉 **얼맹이(어래미)** 진서면 진서리 구진마을 김용녀씨(1927년생, 여)가 사용하던 것이다.

〈도 13〉 **확독** 부안군 변산면 중계리의 확독이다. 확독 위에 돌이 올려져 있다. 이 돌을 '확독돌'이라고 한다.

이렇게 껍질을 벗기는 작업을 2~3번 반복하여 잘 건조시켜 보관한다. 보리에는 겉보리와 쌀보리가 있다. 쌀보리는 껍질이 잘 벗겨지지만, 겉보리는 껍질이 보리알과 밀착 되어있어서 잘 벗겨지지 않는다. 보리를 찧는 과정과 확독에 갈 때도, 쌀보리 보다 겉보리가 시간과 노동력이 2~3배 더 걸린다.

다음은 정맥精麥하여 보리밥을 짓기까지의 과정이다.

밥을 지을 때는 '확독〈도 13〉'이라고 하는 곳에 보리를 넣고 도정한다. 이를 "보리쌀 간다"고 한다.

확독에 보리를 넣고 물을 부어 보리를 적시고 '확독돌'로 보리를 간다. 그러면 보리쌀의 속껍질이 벗겨져서 밥을 지으면 부드러워 먹기가 좋다. 보리쌀을 씻을 때는 조리로 일어 돌이나 불순물을 제거한다. 보리쌀을 초벌 삶아 이것으로 다시 밥을 짓는데, 이것을 "곱 삶아먹는다"고 한다. 두 번 삶는다는 뜻이다. 여유가 없는 집에서는 보리쌀만으로 꽁보리밥을 밥을 지어 먹었다. 가을에 쌀 수확 후에는 보리에 쌀을 조금 섞어 먹었으나, 여름에는 거의 보리밥만 먹는 경우가 많았다. 여유가 있는 집에서는 보리와 쌀을 반씩 섞어서 밥을 했고, 이것을 '반서끼(반섞이)'라고 한다. 보리와 쌀을 섞어 밥을 지으면 보리가 더 잘 퍼져서 부드러워 맛이 있었다. 부잣집에서 일꾼들에게 밥을 해 줄 때는 반서끼를 해 주었기에 부잣집에 일하러 가면 반서끼를 먹을 수 있었다.

4. 도구통과 확독

여기서 도구통과 확독을 살펴보자.

도구통은 돌로 만든 것과 나무로 만든 것이 있다. 〈도 10〉은 노갑례씨가 사용하던 도구통(돌로 만든 것)과 도굿대. 도구통의 직경이 66.5cm로 몸체가 꽤 넓다. 도구통 두께의 폭은 6.0cm, 전체 길이는 45.2cm, 몸통 길이가 35.5cm다. 도굿대는 길이가 97.5cm, 손잡이 부위는 직경 4.0cm이다. 〈도 10〉에서 도구통 왼쪽에 세워놓은 도굿대의 윗부분이 직경 9.5cm, 아래 부분이 9.0cm로 양쪽의 찧는 부분의 크기가 약간 다르다. 좁은 부분으로는 떡을 찧거나 보리를 초벌 찧을 때, 보리를 정맥할 때는 넓은 부분으로 찧는다.

나무로 만든 도구통을 '나뭇통〈도 14〉'이라고 한다. 돌 도구통과 나뭇통을 거꾸로

〈도 14〉 나뭇통 진서면 진서리 구진마을의 김옥림씨
(1937년생, 여)가 큰집에서 물려받아 사용하던 것으로
소나무로 만든 나뭇통이다.

해서 바닥을 보면 대부분 오목하게 패여 있다. 이것은 안정성을 위한 구조이다. 도굿대는 참나무로 만들었는데, 도굿대용 참나무는 가을에 벤다. 참나무를 가을에 베는 데는 이유가 있다. 대부분의 나무는 여름에는 물이 올라 수분이 많으므로, 수분이 빠진 늦가을에 베어야 단단하고 좋다. 가을에 참나무를 베어 껍질 채로 바닷물에 몇 개월 담가 두었다가 이듬해에 깎아서 도굿대를 만든다. 그러면 참나무의 진은 빠지고 바닷물의 염분이 참나무에 스며들어 도굿대가 잘 갈라지지 않는다.

보리쌀은 확독에 갈아서 밥을 짓는다. 그러니 확독은 매일 사용하는 생활필수 도구였다. 확독이란 '확'과 '독'의 합성어로 '확'이란 움푹 패인 모양을 나타내는 말이고, '독'은 돌의 지역어다. 돌확이라고 부르는 지역도 있다. 〈도 13〉의 확독 위에 돌이 올려져 있다. 이 돌을 '확독 가는 돌' 또는 '확독돌〈도 15〉'이라고 한다. 확독을 가는 돌은 사용자의 손의 크기에 맞는 것을 구하여 사용한다. 〈도 15〉는 김평수씨댁에서 사용하던 확독돌로, 왼쪽이 직경 15.5cm로 두 사람용, 중앙이 직경 12.5cm로 한 사람용, 오른쪽이 직경 9.5cm로 여자아이용이다. 2010년 현재 구진마을에서 확독을 보존하고 있는 집은 없으나, 확독을 가는 돌은 몇 군데 남아 있다.

나뭇통이나 도굿대(절굿공이)는 마을에서 만들 수 있으나, 돌 도구통과 확독은 배에 싣고 팔러 온 것을 구입했다. 돌 도구통과 확독은 석재공장에서 기계로 깎아 만든 것보다 정으로 쪼아서 우둘투둘한 면이 있는 것이 기능성이 뛰어나서 좋다. 여유가 없어서 확독이 없는 집에서는 도구통에서 보리를 찧고 정맥을 했다. 도구통에서 보리를 정맥하는 것을 "도구통에 물 묻힌다"고 한다.

〈도 15〉 **확독돌** 진서면 진서리 구진마을의 김평수씨댁에서 사용하던 확독돌이다.

이 지역에서는 보리 재배에 있어서 인분을 웃거름으로 주었고, 집집마다 인분거름을 생산하기 위한 측간구조와 거름을 삭히는 시설을 보유하고 있었다. 다음은 구진마을의 측간구조에 대해서 살펴보자.

5. 안소망과 바깥소망

이 지역에서는 측간을 '소망〈도 16〉'이라고 한다. 소망은 큰 항아리를 땅에 묻고 그 위에 판자를 올려놓은 구조이다.

웃거름의 생산과정은 다음과 같다. 김평수씨 댁의 사례다.

여자는 대소변을 소망에서, 남자는 소망에서 대변, 소변은 질통에서 본다. 2~3드럼통 용량의 큰 항아리를 마당에 묻어 두고, 질통의 소변과 소망의 항아리가 가득차면 배설물을 마당의 큰 항아리로 옮긴다. 개똥도 있으면 큰 항아리에 넣는다. 1드럼통은 12말 용량이다. 마당의 큰 항아리에는 바닷물을 70% 담고, 30%는 소망의 배설물을 섞어, 가을부터 몇 개월 동안 삭힌다.

다음은 이 마을 이순단씨(1931년생, 여) 댁의 사례다.

〈도 16〉 안소망과 질통

진서면 진서리 구진마을의 구진마을의 이순단씨(1931년생. 여) 댁의 안소망이다. 이순단씨 댁에는 며느리가 둘이고 여자식구가 많아서 시아버님이 안소망을 2개 만들어 주셨다. 프라스틱 질통이 양쪽에 놓여있다.

이순단씨는 19살 때 시집왔는데 그 당시 시집에는 모두 10식구였다. 소망에는 실내의 '안소망'과 마당의 '바깥소망'이 있다. 안소망은 주로 여자용이다. 마당 후타리 (울타리) 옆에 다시 울타리를 치고 공간을 만든 바깥소망에는 큰 항아리 3개, 작은 항아리 2개를 묻었다. 남자들은 직접 마당의 바깥소망의 작은 항아리에서 용변을 보았으나, 안소망을 이용할 때는 대소변을 보는 곳을 구분하지 않았다. 안소망에 배설물이 가득차면 바깥소망으로 옮긴다. 바깥소망의 큰 항아리에는 갯물과 설거지한 구정물 등을 붓는다. 보리농사를 많이 하거나 식구가 많은 집에서는 안소망을 두 개 설치하는 경우도 있다. 이순단씨 댁은 며느리가 둘이고 식구가 많아서 안소망도 2개였다.

약 40년 전, 경기도 안양에 살던 이순단씨의 5살 난 외손자가 놀러 와서 안소망을 경험하고, "할머니 자기 똥은 자기가 치워야지. 어떻게 한군데다 싸아?"라고 이 마을의 안소망 구조를 의아해 했다고 한다. 이것은 측간문화의 차이다. 안양지역에서는 측간에서 대변을 보면 재에 버무려 섞어두었다.

이 지역에서는 정월 보름이후 보리에 웃거름을 주었다. 바깥소망에서 삭힌 인분

을 밭으로 운반하여 거름을 주는데, 이때 운반
도구는 질통이었다.

　　안소망에서 바깥소망으로 인분을 옮길 때,
바깥소망에서 삭힌 거름을 밭으로 운반할 때,
인분을 소매쪽박〈도 17〉으로 퍼서 질통〈도 16〉
에 담아 무지게(물지게)로 지어서 운반하였다.

　　이 질통을 '소매통' 또는 '소매질통'이라고
한다. 예전에 소매통은 쪽나무를 이어 맞춰서
만든 것으로 밑 부분을 약간 좁게 만들었다.
구진마을에서는 질통을 주로 줄포에서 사다
썼고, 변산면 중계리에서는 직접 만들어 사용
했다. 질통은 쪽나무, 산오동, 밤나무 등으로
만들었는데, 쪽나무는 단단하지만 물을 먹으
면 무겁고, 산오동은 가벼웠다. 물지게의 나무
는 소나무로 만들었고, 줄은 칡이나 모시, 고
리는 물푸레나무로 만들었다.

〈도 17〉 **소매쪽박** 변산면 거석리 이기동씨 댁에서
사용하던 것이다.

제4장

섬마을 사람들의 농작물의 생산기술과 민속

섬마을의 주업은 어업이지만, 대부분의 섬마을에서는 농사를 짓는다. 여기서는 계화도, 두리도, 하왕등도의 도서별 사례를 통해서 섬마을의 논농사와 밭농사를 고찰한다.

두리도는 계화도의 서남쪽 해상에 있는 섬으로, 동경 126° 33′, 북위 35° 46′에 위치한다. 현재 두리도는 행정구역상 군산시에 속한다. 그러나 조선시대에는 부안군에 속해 있었다. 1914년 행정구역 개편으로 옥구군에 편입되었다가 1989년 군산시로 편입된다.

두리도와 비안도의 생활권은 부안이었다. 실질적으로 군산은 멀고, 시장도 부안으로 보러 갔다. 여기서는 생활권을 기준으로 두리도의 사례를 부안의 농법으로 참조하고자 한다.

행정구역상으로 계화도는 계화면 계화리, 하왕등도는 위도면 하왕등리다. 하왕등도는 위도에서 서북쪽으로 23km 해상에 위치하는 섬이다.

1. 계화도의 농법과 민속

1) 논갈이

〈사례 1〉 계화도 양지마을 선일배씨(1924년생, 남)

양지마을은 계화면 계화리의 자연마을로, 예전에는 20가호 정도가 살았다. 선씨는 논 15마지기를 경작했다. 논은 쟁기질꾼이 갈았다. 1필지는 1,200평이다.

이 마을에는 저수지가 4곳 있었다. 몽리구에 있는 논을 '몽리답'이라고 한다. 몽리 책임자 1명이 물관리를 했다.

2) 보리 농사

〈사례 2〉 계화도 계하마을 이귀하씨(1938년생, 여)

계하마을은 계화면 계화리의 자연마을로, 예전에는 60~70가호 정도가 살았다. 이 귀하씨 집에서는 논농사는 짓지 않고 밭 500평을 경작했다. 밭은 150평이 1마지기다.

이씨가 경작하는 보리밭은 자갈땅이라서 소가 못 들어간다. 3개 발의 쇠스랑으로 밭을 평평히 간다. 음력 9월에 보리씨를 흩뿌린다. 밑거름은 잘 안 준다. 쇠스랑으로 밭을 긁어서 보리씨를 덮어준다.

정월 20일경부터 보리밭의 김매기를 한다. 이 무렵에 웃거름을 준다. 김매기는 한 번 한다.

거름은 '질항치기(무지게)'로 운반한다. 통은 쪽나무로 만들었다. 쪽나무는 단단하고 잘 썩지 않고 벌어지지 않는다. 소나무는 잘 벌어진다.

이 지역은 보리가 잘 되었다. 망종(양력 6월 5일경) 무렵에 수확한다. 보리를 낫으로 베어 다발을 묶어 밭에서 말린다. 장마 질 때는 밭에서 보리가 싹이 날 때도 있었다.

보리 다발을 집으로 운반해서 홀테로 훑고, 통통기(발동기)로 정미를 한다. 말려서 항아리에 보관한다. 밥을 할 때마다 통보리를 도구통(절구)에 넣고 물을 붓고 주께(주격)로 저으면서 절구질(또는 "방아 찧는다"고 한다)을 친다. 남자가 절구질을 도와 줄 때는 '메'로 친다. 도구통에 물을 붓는 것을 "물 묻힌다"고 한다.

친정집에서는 보리를 확독에 갈아 먹었다. 친정은 부안군 백산면 오곡리다. 오곡리의 보리는 꺼끄럽고 뻣뻣했다. 이 마을의 보리는 보드럽고 맛있었다. 확독에 갈지 않는다. 그래도 친정마을 보리에 비해 이 곳 보리는 쌀밥 같았다. 보리는 주곡으로 자급이 되었다. 벼농사는 짓지 않았다. 주식은 보리와 고구마였다.

보리를 자급하는 것을 "지동을 댄다"고 한다. 식구가 많은 집은 "지동을 못댄다."

3) 고구마 농사

〈사례 3〉 계화도 계하마을 이귀하씨(1938년생, 여)

보리 수확 후 고구마를 심는다. 밀대는 억세지만 보리 뿌리는 별로 힘이 없다. 고구마 밭은 사질토다. 쇠스랑으로 밭을 간다. 두둑은 45cm다. 고구마순을 두둑에 한 줄로 심는다.

음력 2월 15~20일 무렵, 고구마 종자를 심고 순을 낸다.

음력 5월에 고구마순을 밭에 옮겨 심는다. 그러나 비가 와야 고구마를 옮겨 심을 수 있다. 음력 6월은 뜨거워서 이때 심으면 고구마순이 죽는다. 그러나 비가 안와서 뻘땅에 음력 7월에 심은 적도 있다. 새만금 방조제 시공으로 바다를 막았을 때, 뻘땅에 나락을 심거나 고구마 농사를 했다. 자기 능력껏 평수 제한 없이 나락씨를 흩뿌려 벼농사를 지었다. 나락을 물모로 하지 않고 보리처럼 직파했다.

음력 9월에 고구마를 수확한다. 수확한 고구마는 방에 재어놓는다. 수수대로 발을 엮어서 '고구마 둥구리'를 만든다. 고구마는 쪄먹거나 고구마밥을 해 먹었다.

고구마는 주로 시안(겨울) 양식이다. 고구마는 농사가 잘되면 음력 3~4월까지, 적게 수확되면 음력 2월 정도까지 식량이 된다.

시안은 겨울철의 의미로 사용한다. 시안이란 '세歲의 안'의 변음으로 의미가 확대된 것 같다.

고구마도 친정마을 오곡리는 무시(무우) 같이 맛이 별로였는데, 이 지역 고구마는 물고구마로 달고 맛있다.

2. 두리도의 농법과 민속

〈사례 4〉 두리도 강덕순씨(1938년생, 남), 김분례씨(1939년생, 여)

예전에 두리도의 가호는 20호 정도였다. 논은 없었다. 밭농사는 주로 보리와 고구마를 재배했다. 쇠스랑으로 밭을 갈았고, 쟁기는 없었다. 소도 거의 키우지 않았다.

1) 보리농사

보리밭은 두둑을 만들지 않고 쇠스랑으로 밭을 간다. 밭에 보리씨를 흩뿌린다. 음력 8월말부터 입동(양력 11월 8일경) 전까지 파종한다. 두리도에는 "보리는 입동 안에 꽁지(궁둥이)만 덮어달라고 한다"는 말이 전승된다.

보리는 밟지 않았다. 음력 정이월에 인분을 웃거름으로 준다. 화장실은 '칙간' 또는 '통시'라고 한다. 칙간은 큰 항아리를 묻고, 그 위에 나무를 걸쳐 놓는다. 인분 거름을 운반시에는 여자는 물동이에 담아 머리에 이고, 남자는 물질항(물지게)을 지고 밭으로 나른다. 칙간의 인분은 '소매쪽박'으로 퍼서 '소매통'에 담는다. 소매통은 수기杉나무, 소나무로 만들었으나 수기나무는 물을 먹어도 가볍다. 수기나무는 부안시장에서 사와서 만들었다. 예전에는 인분의 운반도구로 장군도 사용했다.

오발이(불가사리)를 보리 웃거름으로 쓰는 경우도 있다.

오발이는 정월과 음력 2월에 낮에 뻘땅에서 잡는다. 이 일은 주로 여자가 한다. 대야를 머리에 이고 뻘땅으로 오발이를 잡으러 간다. 섬에서는 남자는 바닷일을 하니까 밭갈이도 쇠스랑으로 여자가 한다. 도리깨질도 여자가 한다. 수확할 때, 운반은 지게로 남자가 도와준다.

오발이를 통시의 두엄자리에 쌓아놓는다. 부엌 아궁이에서 나온 재를 섞어 놓으면 숙성하여 멥재(왕겨)같이 된다. 이를 '오발이 거름'이라고 한다.

웃거름으로 조금씩 뿌려 주면 보리가 잘된다. 그러나 많이 주면 보리가 썩는다.

두리도에는 "보리 안패는 3월은 없다"는 말이 전승된다. 아무리 늦어도 음력 3월에는 보리의 모개가 나온다.

음력 4월말에서 망종(양력 6월 6일경) 안에 수확한다. 베어서 다발로 묶어서 마을로 운반한다. 홀태로 훑어서 모개를 따고 마당에서 말린다. 두리도에는 동네마당이 한 곳 있었다. 도리깨질은 '동네마당'에서 하곤 했다. 마당을 깨끗이 쓸고 도리깨질로 탈곡한다.

탈곡한 보리는 건조시켜 큰항아리 넣어 창고나 작은방에 보관한다. 도굿대로 찧어서 도정한다. 여자 2~3명이 "방아 찧는다".

쌀을 조금 섞어 밥을 하기도 하고, 주로 곱삶아 보리밥을 지어 먹었다. 곱삶는 것은 꽁보리밥을 할 때 두번 삶는 것이다.

2) 고구마 농사

음력 3~4월 봄에 땅이 녹고 나서, 텃밭에 고구마 종자를 묻는다.

보리 수확 후, 쇠스랑으로 밭을 간다. 보리 뿌리는 그대로 둔다. 넓괭이로 고구마 두둑을 만든다.

음력 5월 중순 무렵, 비가 온 후 땅이 부드러워지면 보리 그루밭에 고구마순을 심는다. 두둑의 폭은 45cm, 고구마순의 간격은 20cm로 한 줄로 심는다.

고구마순이 땅냄새를 맡으면 음력 6월경에 뿌리를 내려 속순이 나온다. 이때 인분거름을 주면 좋다.

음력 7월 중에 김매고, 음력 8월말 무렵에 수확한다.

고구마는 추우면 얼어서 썩는다. 수시대(수수대)로 두지(뒤주)를 사각형으로 엮어서 방에서 보관한다. 바닥에는 서숙(조) 모가지를 깔아준다. 주로 삶거나 밥에 넣어 먹었다.

3. 하왕등도의 농법과 민속

〈사례 5〉 하왕등도 남덕원씨(1928년생, 남)

하왕등도에는 예전에 25가호가 있었다. 남씨는 35세까지 하왕등도에서 쟁기질꾼을 쓰면서 농사를 지었다. 밭에서는 보리, 밀, 팥, 콩, 녹두 등을 재배했다.

1) 논갈이

음력 2월에서 음력 4월까지의 3개월간 논갈이를 3번 한다. 이를 '초벌', '두벌', '세벌'이라고 한다. 논은 1마지기가 200평이고, 1필지는 1,200평이다. 논갈이는 쟁기질꾼에게 의뢰한다. 쟁기질꾼 한 사람이 한 철에 논 50필지를 간다.

모내기 전에 논을 써린다. 모내기는 하지 전후 3일까지 한다. 쟁기질 삯은 논 주인과 쟁기질꾼이 계약을 맺는다. 한 철 4개월 동안 쟁기질을 하고, 쌀 5~10가마니를 삯으로 거래한다. 쌀 한 가마니는 90kg이다.

2) 보리농사

보리는 쌀보리를 갈았다. 음력 9~10월에 파종한다. 보리밭은 사질토라서 따부(따비)로 골을 타고 씨를 뿌리고 괭이로 덮는다. 따부로 밭갈이는 하루에 200평이다.

밑거름으로 퇴비를 준다. 퇴비는 칙간에서 만든다. 칙간 바닥에는 두 개의 돌이 있다. 이 돌을 '부출'이라고 한다. 부출을 발로 디디고 앉아서 용변을 본다. '부출가래'라는 도구로 대변을 칙간 한 구석으로 치운다. 칙간 한쪽에는 아궁이의 재를 모아둔 잿더미가 있다. 대변 위에 재灰를 덮는다. 이렇게 칙간에서 아궁이의 재와 인분을 섞어 퇴비를 생산한다.

수확은 음력 4월에 낫으로 벤다. 밭에서 보리베눌을 만들어 1주일 정도 말린다. 충분히 말리지 않으면 '바개미(바구미)'라는 벌레가 생긴다.

보리를 집으로 운반해 마당에서 도리깨로 타작하여, 절구통에서 도굿대로 "방애 찧는다." 이는 여자일이다. 보리타작 전에 마당을 고른다. 황토흙을 물에 개어서 파인 곳을 메운다. 이를 "마당일 한다"고 한다. 타작한 보리는 섬에 보관한다.

제5장

마무리

전통사회는 자연과 더불어 살아가는 삶이다. 자연의 이치를 알고, 자연을 이용하고, 농사는 절기에 맞추어 이루어졌다.

농사의 기본은 농토(논과 밭)를 일구어 씨를 뿌리고 수확하는 것이다. 수확량을 높이기 위해 거름을 주고 김을 맨다. 농사의 시작은 농토 만들기다. 논농사는 벼 수확 후, 다음 해의 벼 농작을 위해 이루어지는 논갈이가 농사의 시작이다.

지금은 농사가 기계화 되어서 많은 일손이 없어도 가능하다. 그러나 전통사회의 농사는 사람의 힘에 의지해야 했다. 특히 평야지대의 대농가에서는 일꾼 없이는 농사가 어려웠다. 쟁기질, 모내기, 논매기 등의 작업에 일손이 필요했다. 이 중에서도 쟁기질은 기술성이 필요한 작업으로 쟁기질꾼은 전문직으로 분업화 되어 있었다.

평야지대의 상서면 통정리 김영두씨는, 17,000~18,000평의 논에서 벼와 논보리를 경작하였다. 쟁기질을 전담하는 쟁기질꾼을 3~4명 두고 농사를 하였다. 본인은 쟁기질을 거의 하지 않았다. 소도 키우지 않았다.

산촌마을의 변산면 중계리에서는 가호마다 농우 1~3마리를 키워서 부안읍, 하서면, 행안면, 백산면, 상서면, 동진면 등의 야지로 보냈다. 산촌마을에서는 '산지'의 대칭어로 평야지대를 '야지'라고 부른다.

산촌마을의 하서면 백련리 대광마을 류홍렬씨는 의상봉(변산의 최고봉) '산중'에서 소를 키워서 김제(전라북도 김제시) 등의 '야지'로 보냈다. 류씨의 개인밭에서 채취한 대나무는 물고기를 잡는 장치인 어살의 재료, 국유림에서 채취한 참나무는 어살의 말장으로 제공되었다. 산촌마을의 산림이 어촌마을의 생업의 밑받침을 한다.

야지에서는 환경적으로 소를 키우기가 어렵다. 평야지대는 전답은 많으나 꼴이 자라는 촛갓은 적다.

산촌은 자연지리적 환경이 소를 키우기에 적합하다. 산촌 사람들은 산에서 소를 키워서 평야지대로 보내어 삯을 받아 생계를 도왔다.

이렇게 산중에서 키우는 소를 '멧소' 또는 '산중소山中牛'라고도 부른다. 멧소의 '메'는 산山의 뜻으로 생각된다. 산돼지를 멧돼지라고 하듯이, 산에서 키우는 소山牛의 뜻으로 묏소(또는 멧소)로 불리다가, 삯을 주고 빌려쓰는 역할이 강조되어 '도짓소'의 의미로 쓰이게 된 것으로 생각된다.

멧소는 음력 3월부터 음력 7월까지 평야지대의 농번기 때 이용되고, 산촌마을의 밭농사 시기에 산촌으로 돌아온다.

갯마을의 진서면 진서리 구진마을의 김평수씨는 쟁기질꾼을 쓰기도 하고 직접 쟁기질도 했다. 소도 키웠다. 구진마을 김귀례씨(1935년생, 여) 댁에서는 1,800평의 논에서 논보리와 벼농사를 하고, 소를 8마리 키웠다. 깔(꼴)이 모자라서 소먹이로 바닷가의 갈대까지 베어다가 먹였다.

섬마을의 계화도 계하마을 이귀하씨가 경작하는 보리밭은 자갈땅이라서 소가 못 들어간다. 두리도에서는 쟁기를 사용하지 않았다. 계화도 양지마을 선일배씨와 하왕등도 남덕원씨는 쟁기질꾼을 사서 논농사를 지었다.

주곡의 자급이 어려운 섬마을에서는 고구마를 재배하여 시안 양식으로 하였다.

부안에서는 평야지대와 갯마을의 농사를 밑받침 해주는 것은 산촌마을의 멧소였다. 또한 산촌마을의 대나무와 참나무는 어구의 재료로 제공되었다.

부안군에서는 내변산의 산촌마을에서는 깔쟁기, 구진마을을 비롯한 평야지대에서는 왜쟁기를 사용했다.

▼ 왜쟁기는 일제시대에 만들어진 쟁기고, 깔쟁기는 전통쟁기다.

▼ 왜쟁기는 볏이 있어서 흙밥이 왼쪽으로 넘어간다. 두둑을 만든다.

▼ 깔쟁기는 볏이 없고 흙이 좌우로 넘어간다. 골만 타고, 두둑을 만들지 않는다.

벼농사의 충해 퇴치에 산촌마을 중계리에서는 들기름을 사용하였고, 바닷가의 구진마을에서는 복어기름을 사용했다.

복어기름은 벼멸구에도 유효하고 '새'라고 하는 벼충해도 퇴치한다. 들기름은 벼 멸구에는 유효하지만, 새는 퇴치 할 수 없다. 복어기름은 바닷가 마을의 환경지리적 특성을 이용한 충해 퇴치법이다.

산촌마을의 중계리와 바닷가 구진마을에서는 집집마다 실내에 안소망과 마당에 바깥소망이 있었다. 안소망은 주로 여자용이고, 바깥소망은 손님이나 남자용이다. 안소망에 배설물이 가득차면 바깥소망으로 옮긴다. 이러한 소망은 보리 재배에 사용 되는 인분거름을 생산하기 위한 측간구조로 바깥소망은 거름을 삭히는 시설이기도 하다.

제**3**부

보성 사람들의 생활사

풍토와 지리환경에 따라
그 지역의 문화의 특성이 나타난다.
전라남도 보성군의
산촌 사람들의 삶은 어떠했을까?
보성의 전통농법은
다른 지역과 어떻게 다를까?
그리고 갯마을 사람들의
생업은 어업뿐인가?

보성군의 행정구역은 보성읍, 벌교읍의 두 개의 읍과 문덕면, 복내면, 율어면, 겸백면, 노동면, 미력면, 득량면, 조성면, 웅치면, 회천면의 10개의 면으로 구성된다.
　　웅치면에는 보성군에서 제일 높은 제암산(779m)이 있고 웅치면熊峙面 대산리大山里는 보성강의 발원지다. 대산리의 신전마을과 용반리의 대은마을은 해발이 높아서 보성군의 1년 1작 지대다. 이 지역 사람들은 어떻게 살아왔을까. 신전마을 사람들의 생활을 알 수 있는 1940년대의 기록을 통해서 신전마을 사람들의 생활사를 고찰하였다.
　　벌교읍, 조성면, 득량면, 회천면은 바다와 접하고 있다. 이들 바닷가의 갯마을 사람들은 어떻게 살아왔을까. 갯마을 사람들의 특징적 생업을 고찰하여 갯마을 사람들의 생활사의 일면을 살펴보았다.

제1장

산야의 생산기술과 민속

보성에서 전통사회를 살아온 사람들의 산야이용의 생산 기술과 민속에 대해서 고찰한다. 산야에서 땔감을 마련하고 농경지로 일구고 숯을 굽고 나무 열매를 식량으로 삼았던 보성 사람들의 삶을 사례를 통해서 살펴본다.

1. 묵밭 농법의 기술과 민속

보성에서는 산에서 일구는 밭을 '묵밭'이라고 한다. 묵밭은 2~3년 경작 후에 다시 방치한다. 즉 2~3년만 이용하는 것이다. 해마다 농사짓는 숙전熟田과 비교한다면 화전火田과 같이 한정된 기간 농작을 하고 방치하는 일시적이고 일회적인 밭이다.

〈사례 1〉 문덕면 죽산리 강각마을의 박홍식씨(1931년생, 남)

문덕면은 보성군의 북부에 위치한 면이고 죽산리는 화순군과 접한 리里로 문덕면의 서북쪽에 있다. 박씨는 강각마을에서 태어나 산촌마을의 삶을 살아왔다.

박씨는 귀먹나무골에서 '묵밭'을 일구었다. 묵밭이란 산에서 일구는 밭山田이다. 산(개인땅)을 파서 묵밭으로 만들어서 2~3년 일구고 나서 묵밭 이용의 삯을 준다. 이를 "수 준다"라고 한다.

봄에 묵밭으로 만들 곳에 풀을 베고 괭이로 땅을 판다. 이때 사용하는 괭이는 뾰족한 꼭깽이(곡괭이)다. 산의 밑에서 위로 땅을 파면서 올라간다. 50cm 간격으로 세로로 골을 내어 두둑을 만든다. 하루에 50평정도 개척할 수 있다.

묵밭에서 처음에는 주로 감자농사를 한다. 감자는 봄 3~4월에 고랑에 심는다. 감자의 눈(싹)을 떠서 20cm 간격으로 심고 괭이로 두둑의 흙을 덮어준다. 이를 "붓(북)을 해 준다"고 한다. 고랑이 두둑이 된다. 1달 후 감자의 순이 나오고 40cm 정도 자라면 괭이로 다시 붓을 해준다.

감자는 가을 서리 올 무렵에 캔다. 지게에 발대(발채)를 얹고 감자를 담아온다. 푸대(부대)나 가마니에 담아서 보관한다. 주로 쪄서 먹었다.

묵밭에 콩, 팥은 음력 5월에 파종한다. 30cm 간격으로 고랑에 씨를 심는다. 1구멍에 씨앗 2~3개를 넣는다.

묵밭의 경작 순서는 (감자-콩, 팥)이다. 첫해는 감자, 2년째는 콩, 팥으로 묵밭은 보통 2년 정도 경작하고 그 후는 방치한다. 묵밭에는 자잘한 '애팟'을 많이 심었다. 팟은 팥의 전라도 말이고 애팟은 애기 팥, 즉 자잘한 팥을 말한다. 이러한 묵밭 경작을 "밭 일군다"고 한다. 묵밭에서 담배를 재배하기도 한다.

2. 땔감조달과 나무장사

보성 사람들은 산야에서 산죽과 장작을 생산해서 생계를 도왔다. 전통사회에서 필수 불가결한 땔감을 보성 사람들은 어떻게 조달하였을까. 사례를 살펴본다.

〈사례 2〉 복내면 봉천리 당촌마을의 이선재씨(1953년생, 남)
이 지역에서는 채취하는 시기에 따라 땔감나무를 부르는 명칭이 다르다. 가을 추석 전에 겨울에 사용할 풀이나 땔나무를 산에서 말려서 지어 나른다. 이렇게 산에 깔아서 말려 놓았다가 지어 내리는 나무를 '까나무'라고 한다. 겨울에 나무에 수분이 내려가서 잎이 떨어진 나무를 베어 지어 나른다. 겨울에 하는 나무는 '물거리나무'라고 한다.

〈사례 3〉 문덕면 죽산리 강각마을의 박홍식씨(1931년생, 남)

박씨는 장작장사를 했다. 장작을 다발로 묶어서 지게에 지고 재를 넘어 문덕시장에 가서 팔았다. 문덕장은 새로 생긴 장터였다. 문덕까지는 약 30리 정도다. 남정네는 장작 30~40다발 정도를 한 지게에 지었고, 아낙네의 경우는 20다발 정도를 머리에 이고 갔다. 한 지게의 장작은 그 당시 쌀로 한두 되 정도 가격이었다. 장작장사를 갈 때는 지게를 두 개 이용하여 운반하였다. 이를 '두 지게대'라고 한다.

새벽에 장작을 지게에 지고 집을 나가서 중간지점에 지게를 세워둔다. 지게짐은 높은 곳에 세워둔다. 그래야 나중에 무거운 지게를 지기가 쉽다. 집으로 걸어와 다시 장작 지게를 지고 나간다. 이렇게 걸어오면서 쉬는 것이다.

지게에 짐을 얹는 부분인 지겟가지가 하나의 나무로 되어 있는 것이 무거운 짐을 지탱하는 힘이 강하다〈도 1〉.

〈도 1〉 지겟가지가 하나의 나무로 만든 지게
문덕면 죽산리 강각마을의 박홍식씨가 만들어 사용하는 지게다.

지게는 소나무로 만드는데 가지의 각도가 같은 소나무 두 개를 마련한다. 이러한 모양의 소나무를 구하기 힘든 지역에서는 지겟가지를 나무를 이어서 만든다. 세장은 짜구대나무(자귀나무)로 만든다. 자귀나무는 곧게 자라니까 세장 자재로 이용하기 좋다. 등태를 붙이고 지게를 어깨에 걸어 메는 '밀빵(멜빵)'을 단다. 장작 등의 짐을 지게에 얹고 '뗏구리'로 묶는다. 짐을 묶는 지게꼬리를 이 지역에서는 뗏구리라고 한다.

박씨는 산에서 산죽을 채취하여 팔았다. 이 마을에는 골짜기 마다 산죽이 많았다. 목상이 대원사에서 절산寺山의 산죽의 벌목 허가를 받으면 벌목을 한다. 박씨는 목상에게 한 다발 단위로 산죽을 마련하는 삯을 받았다. 목상은 박씨에게 산죽을 사가지고 가서 바닷가마을의 해의발대용으로 팔았다.

산죽은 육철낫으로 베고 가지는 손으로 떼어낸다. 칡넝쿨로 다발을 묶어서 멜빵으로 메고 산에서 집으로 지어 나른다. 산죽은 길이에 따라서 석 자짜리(1자는 30.3cm)와 닷 자짜리로 만든다. 대나무로 석 자와 다섯 자짜리의 자를 만들어 길이를 재어서 웅뎅이(또는 웃데기라고 한다. 윗부분을 말한다)를 작두로 자른다. 산죽채취는 시안(겨울)에서 다음해 봄까지 음력 4~5월에 새 죽순이 오르기 전까지 한다. 한 해에 500~1,000다발을 팔았다. 약 10년 전까지 산죽장사를 했다.

〈사례 4〉 복내면 봉천리 당촌마을의 윤상용(1941년생, 남)

대원사의 절산에서 장작나무를 해서 칡넝쿨로 단을 묶어서 지게에 한 짐을 지고 내려온다. 장작나무 4단이 지게 한 짐이다. 집으로 가지고 와서 '나무베눌(낟가리)'로 가려놓고 말린다. 길이 2자 약 60cm의 장작으로 패어서 팔았다. 이렇게 4일 동안 마련한 나무를 복내 5일장날에 팔았다.

〈사례 5〉 복내면 일봉리 묵석마을의 이만호씨(1929년생, 남)

산에서 소나무를 베어 관판棺板을 만들어 지게로 지고 광주에 가지고 가서 팔았다. 좋은 소나무가 많았는데 6·25 때 반란군들이 베어버렸다.

3. 숯 만들기

보성 사람들은 산에서 어떻게 숯을 굽고 생산했는지 숯의 생산 기술에 대한 사례를 살펴본다.

〈사례 6〉 문덕면 죽산리 강각마을의 박홍식씨(1931년생, 남)

목상이 산의 벌목권을 사고 벌채 허가가 나면 나무를 베어 숯을 굽는다. 나무를 벨 때의 도구는 예전에는 주로 도끼로 찍어 자르다가 그 후에 톱이 나와서 톱으로 베었다.

숯으로 굽는 나무는 주로 잡목으로 하지만 상수리나무가 제일 좋다. 이를 '참나무 숯'이라고 부른다. 둘레가 4~5발(1발은 양팔을 옆으로 벌린 길이) 정도의 구뎅이(구덩이)를 동그랗게 파서 나무를 세운다. 나무위에 황토흙을 덮고 메뎅이(메)로 다지어 숯가마를 만든다. 숯가마의 뒤쪽에 굴뚝을 3개 낸다. '부삭(아궁이의 전라도 말)'을 내어 불쏘시개로 숯가마에 불을 붙인다. 저녁에 불을 때기 시작하여 12시간 정도 밤새도록 불을 땐다. '냉갈(연기의 전라도 말)'이 진한 검은 색에서 푸른색으로 변하면 숯이 되는 신호다. 부삭과 굴뚝을 막아 불을 끈다. 며칠 후 숯을 꺼낸다.

웍단(억새풀의 이 지역말)으로 5관씩 들어가게 숯을 넣는 가마니를 동그랗게 짠다. 크기는 길이 70cm, 직경 35cm이고 이를 한 '푸대'라고 불렀다. 숯은 목상이 가지고 가서 팔았고 박씨는 숯을 구운 삯을 받았다.

4. 도토리의 이용

산야에서 이용하는 대표적인 나무열매는 도토리다. 도토리를 식량으로 이용하기 위해서는 타닌을 제거해야 한다. 타닌의 제거방법은 지역에 따라 열처리 문화권과 물에 울려내는 침전(沈澱) 문화권으로 나누어진다. 보성에서는 도토리의 타닌을 어떻게 제거하고 어떻게 식용하였는지 사례를 살펴본다.

〈사례 7〉 겸백면 평호2리 오호마을의 장정자씨(1941년생, 여)

음력 9~10월에 도토리를 따러 산으로 간다. 채취해 온 도토리는 말려서 도토리의 모자를 손으로 벗긴다. 섣달에 들샘에서 나무물통으로 물을 지어 와서 독아지(독이나 항아리의 전라도 말)에 붓는다. 독에 도토리를 넣고 물에 담가 두 달 정도 울려서 떫은맛을 제거한다. 도구통(절구)에서 도토리를 타서 가루로 만들어 도토리묵을 해서 먹는다.

〈사례 8〉 보성읍 봉산리 선삼남씨(1952년생, 여)

선씨는 친정이 보성읍이다. 도토리를 물에 울려서 떫은맛을 제거한다. 도토리밥을 해서 먹기도 했고, 가루로 만들어 고물을 내서 떡에 묻혀 먹었다. 예전에는 팥이 귀하니까 이렇게 도토리로 고물을 만들어 먹었다. 도토리고물은 팥과 같이 자주색이 난다.

5. 마무리

보성의 산촌마을 사람들은 산에서 산전山田을 일구었다. 이를 '묵밭'이라고 한다. 문덕면 죽산리 강각마을의 박홍식씨는 산에 있는 개인땅을 약간의 소작료를 지불하고 묵밭으로 일구었다. 소작료를 지불하는 것을 "수 준다"라고 한다. 묵밭을 개간할 때는 풀을 낫으로 베고 곡괭이로 밭을 만든다. 하루에 50평정도 개간한다. 묵밭에서의 경작의 주기는(감자-콩, 팥)이다. 첫해 봄에 감자를 심어 가을에 수확하고 다음해 음력 5월에 콩과 팥을 심는다. 이렇게 2년 정도 경작하고 방치한다.

복내면 봉천리 당촌마을에서는 땔감나무를 채취하는 시기에 따라 부르는 명칭이 있었다. 가을에 산에 깔아서 말려서 지게로 지어내려 오는 나무를 '까나무'라고 하였고, 겨울에 잎이 떨어진 나무를 '물거리나무'라고 불렀다. 복내면 일봉리 묵석마을의 이씨는 소나무를 베어 관판(棺板)을 만들어 광주로 가지고 가서 팔았다.

　산촌마을인 죽산리 강각마을의 박홍식씨는 장작을 만들어 나무장사를 했다. 또한 산죽을 채취하여 목상에게 팔았고, 목상은 박씨에게 산죽을 사가지고 가서 갯마을의 해의발대용으로 팔았다. 이와 같이 산과 바다의 삶은 연결되어 있다. 산에서 채취하는 산죽은 바다에서 김을 양식하기 위한 김발대로 사용된다.

　보성의 산촌마을에는 '두 지게 운반법'이 전승되고 있었다. 이 운반법은 무거운 짐을 효율적으로 운반할 때 이용되는 방법으로 주로 산촌마을에 전승되고 지역에 따라 명칭이 다르다. 보성의 산촌마을에서는 '두 지게대'라고 불렸다.

　강각마을의 박씨는 산에서 숯을 생산하여 억새풀로 5관들이 가마니를 만들어 목상에게 넘겼다. 숯의 판매는 목상이 하였고 박씨는 숯을 구운 삯을 받았다.

　보성은 도토리를 물에 울려서 타닌제거를 하는 침전 문화권이다. 도토리를 식량으로 이용하는 방법은 도토리밥, 도토리묵, 그리고 도토리가루를 고물로 만들어 떡고물로 이용하기도 하였다.

제2장

논농사의 생산기술과 민속

논에서 이루어지는 농사는 벼농사와 논보리 경작이 있다. 보성에는 논보리를 경작하는 지역과 논보리 경작이 어려운 1년 1작 지대가 있다.

지역어는 그 지역의 문화를 나타낸다. 본고에서는 보성의 전통농법의 지역어와 용어를 충실히 나타내었다. 그리고 보성의 논농사에서는 다양한 논의 명칭에 주목했다.

1. 벼농사

1) 논 만들기

벼 수확 후에 다음 해의 벼농사를 위해서 논 만들기를 한다. 벼농사의 가장 기초 작업이고 이때부터 벼농사가 시작되는 것이다. 논 만들기에는 논갈이와 논에 거름주기가 있다.

〈사례 1〉 득량면 송곡리 박실마을의 양재평씨(1933년생, 남)

양씨는 벼 수확 후에 냇가 가까운 논에 물을 3~5cm 정도 넣어둔다. 논에 물을 대고 물이 머물게 논을 막는다. 이러한 논을 '두루사리논'이라고 한다. 빗물에만 의지하는 천수답은 다음해 그믐이 되어도 물을 저장해 두면, 물이 적게 든다. 겨울에 물을 넣어둔 논이 얼고 녹고를 반복하며 충란虫卵이 죽는다. 논보리의 종자가 나온 뒤로는 논에서 보리를 갈기 때문에 두루사리논은 점차 사라졌다.

두루사리논에 쟁기질은 봄 음력 3월 무렵부터, 모폭시가 땅에 완전히 묻히게 쟁기로 4~5번 정도 갈아준다.

〈사례 2〉 웅치면 대산리2리 신전마을의 주연옥씨(1933년생, 남)
논갈이는 6번 했다.

- ▼ 논에 두엄을 깔고 "초바닥 간다." 이때는 두둑을 짓는다.
- ▼ "생갈이 뜬다." 초바닥 갈 때 생긴 두둑을 쪼갠다.
- ▼ "물을 잡는다." 논에 물을 넣고 쟁기질을 하고, 써레질을 한다.
- ▼ "살미를 친다." 물을 잡아 놓은 논에 살미를 치면 물이 오래간다. '타래질'을 한다. 이는 논을 갈아서 두둑을 쪼개는 일이다.
- ▼ "풀을 싼다(덮는다는 뜻)." 산에서 풀을 베어다가 논에 깔고 쟁기질을 한다. 음력 4월 무렵에 씀봉, 버드나무 등을 풀거름으로 한다.
- ▼ "가중이를 한다." 모를 심기 위해 한 번 더 쟁기질을 하는 것이다. 예전에 모심기는 하지 전후 3일에 하는 것이 좋다고 했다.

〈사례 3〉 미력면 도개리의 채희순씨(1926년생, 여)
논갈이는 세 번 한다.

- ▼ 초바닥 뜬다 … 벼를 수확 한 후 시안에 하는 논갈이다. 하루에 1,500평정도 한다.

▼생갈이 뜬다 … 봄에 하는 두 번째 논갈이로 겨울에 논갈이를 해서 생긴 두둑을
　가르는 것이다.

▼궁굴린다 … 모내기 전에 하는 세 번째 논갈이다. 논을 부드럽게 풀어준다.

〈사례 4〉 겸백면 은덕리의 양기승씨(1935년생, 남)

논보리 수확 후에 '싹갈이'를 한다. 초벌쟁기질과 두벌쟁기질을 하고, 써레로 써
린다. 써레질은 길게 왕복한다.

'망옷'은 산에서 풀('보리풀'이라고 함)을 베어 와서 만드는 거름이다. 음력 6월부터
8월까지 3개월 동안 보리풀을 한다. 합수(인분)와 소두엄(소의 배설물)을 섞어서 발효시
켜서 논, 밭의 거름으로 사용한다.

〈사례 5〉 회천면 전일리 박형윤씨(1945년생, 남)

이 지역의 논과 밭의 비율은 7 : 3이다. 논은 1마지기가 300평이고 밭은 70평이
1마지기다. 논갈이의 순서는 다음과 같다.

▼ 음력 2월 무렵에 초바닥을 뜬다.
▼ 10~15일 후에 생갈이를 뜬다.
▼ 1달 후 궁굴린다.
▼ 음력 4월 그믐 무렵에 물을 잡는다.
▼ 음력 5월에 다시 간다.
▼ 골을 질러서 써레질한다.

이 지역에는 써레는 논써레만 있다. 생갈이 하고 풀거름을 깔고 궁굴린다. 풀은
음력 3~4월에 산에서 새풀을 베어 와서 논에 깐다.

농사가 한 단락 나고, 가을 음력 8~9월에 산에서 풀을 베어 와서 작두로 썬다.
합수통의 인분을 섞어서 썩힌다. 이렇게 삭힌 거름을 '망옷'이라고 하고 논밭의 거름

으로 사용하지만 양이 적어서 보리갈이 거름으로 사용한다.

2) 파종을 위한 준비

파종을 하기 위해서 볍씨를 싹틔운다. 논에서는 볍씨를 뿌리기 위한 모판을 준비한다.

〈사례 6〉 문덕면 죽산리 대내마을의 이옥남씨(1938년생, 여)

이 지역의 논과 밭의 비율은 9 : 1이다. 죽천(죽산천) 물이 풍부했다. 대원사에서 물이 내려온다.

씨를 일주일 정도 물에 불려서, '대바구리'로 건져서 '사대기'에 넣어 방에서 3~4일 정도 '촉'을 틔운다. 바구리는 바구니, 사대기는 부대負袋, 촉은 싹을 뜻하는 전라도 말이다. 사대기는 모래주머니를 뜻하는 사대砂袋에서 비롯된 말로 생각된다. 볍씨를 부대에 넣어서 따뜻한 방에서 싹을 틔운다. 온도를 잘 못하면 볍씨가 떠버린다(변한다).

모자리판을 1m 20cm 정도로 만들어 놓고, 4월 초8일 경에 바구리(바구니)에 담아 논에 가지고 가서 모자리에 흩뿌린다.

〈사례 7〉 득량면 송곡리 박실마을의 양재평씨(1933년생, 남)

모자리(못자리)는 두루사리논에 4자의 모판을 만든다. 모판을 '못두럭'이라고도 한다. 쟁기로 3~4번 갈아서 모자리를 만든다. 논에 물을 잡고 써레로 써리고 못두럭을 만든다. 못줄을 치고 고랑을 만든다. 고랑은 1자 정도다. 고랑을 치고 발자국 자리를 손으로 평편하게 고른다. 모자리를 문데는(고르는) 판자를 이용하기도 한다.

볍씨는 물에 불려 놓았다가 씨뿌리기 전날 밤 물에서 대바구리에 건져둔다. 식전 일직이 씨나락(볍씨의 전라도 말)을 뿌린다. "오전 10시 사시巳時가 되면 씻나락(볍씨)이 기어나간다"는 말이 전승된다. 물 온도가 따뜻하면 씻나락이 물위로 뜬다. 그러므로 물 온도가 차가운 새벽에 볍씨를 뿌리는 것이다.

논 1마지기 300평에 소두 1말(5되) 정도를 뿌렸다. 마지기는 논밭의 넓이의 단위로, 한 마지기는 볍씨 한 말의 씨앗을 뿌리는 넓이를 나타낸다. 여기서 한 말은 소두 1말이라는 것을 알 수 있다.

〈사례 8〉 회천면 전일리 박형윤씨(1945년생, 남)

볍씨는 차데기(자루의 전라도 말)에 담아 3일간 볕에 두거나 따뜻한 방에 깔아둔다. 촉을 틔워 볍씨를 옹댕이(짚으로 만든 바구니)에 담아 곡우 무렵에 모판에 흩뿌린다. 모가 한 뼘 정도 자라면 모를 찐다. 모 한 묶음을 '모 탈개'라고 한다. 지게에 발채를 얹고 모를 운반한다.

3) 모내기와 논매기

모내기와 논매기는 논농사의 힘든 작업이었고, 논매기의 횟수와 명칭은 지역에 따라 다양하게 나타난다.

〈사례 9〉 문덕면 죽산리 대내마을의 이옥남씨(1938년생, 여)

모자리(못자리)에서 모가 17cm 정도 자라면 손으로 쪄서 묶는다. 한 묶음을 모 '탈개(타래)'라고 한다. 모 탈개는 각 논에 지게로 지어 나른다. 음력 5월초 무렵 20명 정도가 품앗이로 모내기를 한다.

산에 있는 작은 달뱅이논은 줄잡기 모심기가 힘드니까 흩튼모(허튼모)로 심는다. 줄모를 심는 논에서는 양쪽에서 줄을 잘 잡아야 모내기가 빨리 된다. 모는 한 곳에 4~5개 심는다. 모심기를 하고 나서 모가 빈자리에 다시 심는 것을 "뜬모 메운다"라고 한다.

모내기 20일 후, 논매기를 시작한다. 초벌매기, 두벌매기, 세벌매기를 하고 세벌매기는 '만도리'라고 한다. 만도리는 음력 7월 중순 경에 하는데 손으로 논바닥을 휘 젓는다. 이삭 팰 무렵에는 피를 뽑는다.

〈사례 10〉 득량면 송곡리 박실마을의 양재평씨(1933년생, 남)

손모(반대는 기계모)의 경우 20~25cm 정도 자라면 모를 찐다. 파종 후 40~45일 무렵, 하지 전후 3일에 모내기를 한다. 모 한 묶음을 한 '탈개'라고 한다. 모내기 때에는 논 양쪽에서 줄잽이가 못줄을 잡는다.

줄모의 간격은 장줄과 옆줄이 모두 7치(1치는 약 3.03cm)다. 1970년대 통일벼 시대는 옆줄은 6치 장줄은 8치로 했다. 걸어 다니면서 약을 뿌리기 위해서 장줄 간격을 넓게 했다. 틀모 때는 남자들이 모심기를 많이 했고, 줄모 때는 주로 여자들이 모심기를 했다. 논매기는 마을 전체가 끝나려면 한 달 정도 걸린다.

논매기는 다음과 같다.

▼ 도사리는 모심고 15일 후가 적기지만, 마을 논매기가 끝나야 일손이 생기니까
   실제로는 도사리의 시기는 뒤로 밀리기가 쉽다. 초벌과 중벌도 마찬가지다.
▼ 초벌
▼ 중벌
▼ 맘벌 : 나락이 패고 올베(올벼) 벨 때까지 한다.

〈사례 11〉 웅치면 대산리2리 신전마을의 주연옥씨(1933년생, 남)

모내기 때는 품앗이를 하거나 삯품(삯꾼)을 사서 쓴다. 논매기는 3번 하는데 전부 맨손으로 한다. 논매기의 명칭은 '① 도사리 ② 초벌 ③ 만물'이라고 한다.

모내기 15일 후에 도사리를 한다. 도사리는 논에 풀 거름을 한 것 중에 뻣뻣한 것을 추려내는 작업으로 간단하다. 그래서 도사리 때에는 두레(품앗이)는 짜지 않고 삯꾼을 쓴다. 초벌 때부터 두레를 짠다. 이 지역에서는 품앗이를 두레라고 부른다.

논매기를 할 때 어촌에는 '간쓰메질'이 있으나 이 마을은 없다. 간쓰메질은 살땅에서 이루어진다. 살땅이란 흙이 좋은 토질을 말한다. 이 지역은 사석질이다.

〈사례 12〉 회천면 전일리 박형윤씨(1945년생, 남)

모내기는 품앗이로 했고 두레(풍악)가 있었다. 모내기는 부녀자들이 많이 했고 1
마지기당 삯을 받는다. 동네의 모내기 기간은 약 한 달 정도다.

논매기 때는 벼의 사이사이를 벌려준다. 논매기는 15~20일 간격으로 네 번 한다.

① 도사리 : 논을 파서 벼의 뿌리를 털어 주는 것이다. 모내기 15일 후, 손 또는 소
스랑(간쓰메)으로 한다. 이 지역은 땅이 단단해서 흙덩어리를 풀어주는 작업이다.
② 초벌 : 풀을 매면서 나락의 사이를 벌려준다.
③ 중벌 ④ 만물(마물)

나락은 초복에는 한 살, 중복에는 두 살, 말복에는 세 살이라고 한다. 벼농사는
말복이 지나면 할 일이 없다.

〈사례 13〉 미력면 도개리의 채희순씨(1926년생, 여)

논매기는 세 번 한다. 초벌은 '도사리', 두벌은 '호미질', 세벌은 "호미골 푼다"고
한다. 도사리는 맨손으로 하고 호미질은 논의 흙을 호미로 엎는다. 세벌은 호미질
때에 엎어놓은 논의 흙을 손으로 주물러 풀어준다. 모내기와 논매기는 품앗이로 했
고 이때에는 두레소리가 있었다.

50~60년 전부터 두벌매기의 호미질 대신 쇠스랑 모양의 '간수매'를 남자들이 사용
했다. 간수매는 시장에서 팔았다. 논매기 할 때 간수메로 모폭시(벼포기의 전라도 말) 주
변을 긁는다. 호미는 두 손을 사용하고, 간수매는 한 손으로 한다. 호미질이 힘들다.

〈사례 14〉 겸백면 은덕리의 양기승씨(1935년생, 남)

논매기는 세 번, 도사리, 중벌, 만드리를 한다. 중벌 때에 보리논은 호미로 하고,
보리를 심지 않은 논은 손으로 한다.

4) 병충해

예전에는 주로 멸구가 병충해 퇴치의 대상이었다.

〈사례 15〉 문덕면 죽산리 대내마을의 이옥남씨(1938년생, 여)

메루(멸구)가 무섭다. 메루는 사독(쌀독)까지 들어간다고 한다. 메루는 쌀의 진을 빨아 먹는다.

〈사례 16〉 득량면 송곡리 박실마을의 양재평씨(1933년생, 남)

메루 퇴치는 "메루 품은다"고 한다. 폐유와 같은 지름(기름)을 병에 넣어 한 방울씩 논에 떨어뜨리고 밥그릇으로 물을 퍼 붓는다. 양력 7월 28일 벼의 눈꼽병이 생길 무렵 메루가 많이 생긴다.

〈사례 17〉 겸백면 은덕리의 양기승씨(1935년생, 남)

메루가 생기면 상어지름, 또는 석유를 논에 떨어뜨리고 복개(밥그릇 뚜껑)로 물을 뿌린다.

〈사례 18〉 웅치면 대산리2리 신전마을의 주연옥씨(1933년생, 남)

메루 퇴치는 메루를 품는다고 한다. 두레를 짜서 메루를 품으러 다닌다. 보통 음력 6월말에서 음력 7월 초 무렵에 메루를 품는다. 점심을 먹고 나서 한 낮에 날이 따뜻할 때 한다. 병에 들기름을 담아 솔잎으로 논에 뿌린다. 메루 품는 바가치(바가지) 또는 녹 복개(밥뚜껑)로 논에 물을 푼다. 메루 바가치는 손바닥 정도 크기의 나무 바가지다.

〈사례 19〉 회천면 전일리 박형윤씨(1945년생, 남)

메루가 날개가 생겼을 때, 기름 뿌리기를 한다. 논에 물을 가득 넣는다. 패유를 병에 넣어 뿌리거나, 모래에 버무려서 논 전체에 뿌린다. 복개(밥그릇 뚜껑)로 물을 나락에 푼다. 메루가 물에 떨어지면 날개가 기름에 엉켜서 못 나른다.

5) 수확에서 탈곡과 도정까지

수확에서 도정과정까지의 보성의 전통농법에서 보이는 지역의 특징은 기술적 차이보다 용어에 나타난다.

〈사례 20〉 문덕면 죽산리 대내마을의 이옥남씨(1938년생, 여)

나락이 누렇게 되면 수확 10일 전에 논에 물을 뺀다. 벼 베기를 할 때는 한 사람이 낫 하나씩 가지고 논으로 간다. 벼를 낫으로 베어 한 주먹씩 나란히 논에 깔아서 말린다. 날이 좋으면 3~4일에 벼가 마른다. 벼가 마르면 다발로 묶는다. 덕석(멍석)을 깔고 논에서 타작한다. 예전에는 홀테로 훑었다. '풍로'를 돌려서 나간 것을 챙이(키)로 까불린다. 나락을 햇볕에 다시 말려서 섬가마니에 넣어 보관한다. 2가마니가 1섬이다. 타작한 후 볏짚은 소먹이를 하기 위해 단으로 묶어서 보관한다.

벼 베기를 할 때 필요한 도구는 싯돌(숫돌), 지게, 바소쿠리(발채), 가마니, 새끼줄이다.

〈사례 21〉 회천면 전일리 박형윤씨(1945년생, 남)

벼 베기는 음력 9월에서 음력 10월 15일 사이에 한다. 이 지역에는 애낫과 철낫(나무 베는 낫) 있다. 낫으로 벼를 베어 논바닥에 깔아 말린다. 말린 후 다발을 묶는다. 이삭 부분을 안쪽으로 넣어 둥글게 베눌을 쌓는다. 홀테로 훑는다. 벼의 빈 쪽정이를 '주거리', 탈곡하다가 안 떨어진 이삭은 '부검지'라고 한다. 부검지는 모아서 다시 도리깨질을 한다. 타작한 나락은 둥근 '두대통'에 보관한다.

〈사례 22〉 득량면 송곡리 박실마을의 양재평씨(1933년생, 남)

음력 9월에 벼를 수확한다. 왜낫은 가볍고 집에서 한 번 갈아 가면 하루를 사용하지만, 철낫은 무겁고 사용하다가 여러 번 갈아야 하니까 싯돌(숫돌)을 가지고 가야 한다. 나락은 논에서 깔아서 3~4일 말린다. 말린 벼는 단으로 묶어서 지게로 지어 나른다. 나락 1단을 '토매' 또는 '뭇'이라고 한다. 10토매가 지게 한 '짐'이다.

탈곡은 품앗이로 했다. 손홀테로 훑는다. 나락이 벼에서 떨어지지 않은 것을 '묵떼기' 또는 '서서렁개비'라고 불렀다. '묵지(묵떼기)'는 '두지(마람으로 둘러 싼 것)'에 담아 두었다가 나중에 도리깨로 턴다.

6) 논의 종류와 명칭

농사꾼은 농토의 특성을 알아야한다. 토질에 따라 농사법이 달라진다. 보성에서는 다양한 토질의 논에서 벼농사가 이루어졌고 다양한 논의 명칭이 나타난다.

〈사례 23〉 문덕면 죽산리 강각마을의 박홍식씨(1931년생, 남)
이 지역의 논과 밭의 비율은 5 : 5다. 박씨는 다랭이골에 있는 논을 일구었는데, 산촌이라서 골짜기에서 내려오는 물을 이용하는 '달뱅이(달팽이)논'이다. 달뱅이논이란 산골짜기에 계단식으로 층층이 있는 논을 달팽이의 나선형의 껍데기 모양에 비유한 표현으로 다랑논을 말한다. 논 1마지기에 쌀 한 가마니 정도가 수확되었다. 자기 땅이 없어서 소작농을 할 경우에는 '뭇갈림'을 했다. 뭇갈림이란 벼 수확 후에 뭇(다발)을 놓고 지주와 소작인이 반씩 나누는 것이다.

〈사례 24〉 노동면 거석리 지심마을의 강성수씨(1942년, 남)
이 지역은 논과 밭의 비율이 8 : 2다. 지심마을은 예전에는 30호 정도가 살고 있었다. 이 마을에는 공동소유의 '동답'이 3마지기(1마지기는 300평) 있다. 동답은 찬물고 지다. 예전에는 동답을 한 해씩 돌아가며 마을 사람이 농사를 지었고 '수(소작료)'를 지불했다.

2011년까지 농사를 지었으나 산돼지 피해로 농사를 그만 두었다. 2011년에는 강씨가 쌀농사를 지었고 수를 20만원 지불했다. 1마지기당 쌀 3가마로 전부 9가마니를 수확했다. 수익금으로 마을 잔치를 한다. 동계를 결의 하는 양력 12월 15일에 그해에 동답을 농사한 사람 집에서 잔치를 한다. 이를 "계를 친다"고 한다.

〈사례 25〉 노동면 신천리의 최안석씨(1933년생, 남)

이 마을은 논과 밭의 비율이 7 : 3이다. 저수지 없이 산에서 내려오는 찬물이 들어오는 논을 이 지역에서는 '찬물고지'라고 부른다. 대서大暑까지 비가 오면 나락을 심고, 대서까지 비가 안와서 가물어 논이 마르면 고랑치고 메물(메밀)을 심는다. 두둑은 45cm다. 소시랑(쇠스랑)으로 흙을 덮는다.

〈사례 26〉 득량면 송곡리 박실마을의 양재평씨(1933년생, 남)

박실마을에는 예전에는 130호 정도가 살고 있었다. 양씨는 지자支子라서 분가했다. 지자는 장남 이외의 아들을 말하는데 양씨는 차남이다. 양씨가 소유한 논은 전부 25마지기, 밭은 200평이다. 이 지역은 밭은 200평, 논은 300평이 1마지기다. 마을 주변의 논을 '두루사리논'이라고 부른다. 반대는 '사석지지沙石之地'라고 한다.

〈사례 27〉 복내면 동교리 신촌마을의 조동준씨(1932년생, 남)

이 지역은 논과 밭의 비율이 7 : 3이다. 신촌마을은 예전에는 21호가 살고 있었다. 밭은 1마지기가 200평이고 논은 300평이다. 조씨는 넘은들(월평)에 '수렁논'이 있었다. 보리는 배수가 잘 되어야 하는 농작물이라서 수렁논에서는 보리농사를 지을 수 없으나, 벼농사는 수확량이 많고 미질米質이 좋다. 그래서 수렁논이 배 이상으로 가치가 높다. 사질토양 논으로 보리농사를 지을 수 있어서 이모작이 가능한 논을 '맥답'이라고 부른다.

〈사례 28〉 득량면 송곡1리 텃골마을 양재필씨(1937년생. 남)

양씨는 지금의 텃골 초등학교 앞에 '수구렁논' 2마지기(600평)을 경작했다. 이곳에 수구렁논은 남정네 허벅지에서 허리까지 빠졌다. 산에서 나무를 베어다가 논바닥에 깔아 놓는다. 이를 '깔목'이라고 불렀다. 깔목은 3~4m 길이의 통나무를 가로로 논에 넣는다. 깔목은 논바닥에 점점 가라앉는다. 모심기와 논매기를 할 때 통나무를 십자로 묶어 띄워 놓고 목나무를 타고 또는 디디고 걸어 다니면서 했다. 논에는 속옷만 입고 들어간다.

봄에 소시랑으로 논을 일군다. 3~4명이 품앗이로 했다. 모심기는 음력 5월초 무렵에 혼튼모(허튼모)를 심는다. 수구렁논에서는 주로 남자가 모심기를 했다. 양씨의 수구렁논에서 모심기는 남정네 8명 정도가 하루 걸린다.

논매기는 ① 도사리 ② 초벌 ③ 중벌 ④ 만벌(만두리)로 4번을 한다. 수구렁논은 풀이 더 많이 난다. 모심고 20일 후에 도사리를 한다. 도사리 때는 '모폭시' 사이의 논바닥을 판다. 15일 후에 초벌을 한다. 풀을 매면서 논바닥을 고른다. 풀은 손이나 발로 논바닥에 묻는다. 15일 후 중벌을 한다.

보통 논의 경우는 중벌을 하면서 논에 물을 빼고 논을 말린다. 논을 잘 말려야 수확하기가 좋다. 논에 물을 빼기 위해서 논고랑을 만드는 작업을 '개 닦달한다'고 한다. 손으로 깊게 판 고랑을 '개'라고 한다. 닦달하다는 "손질하고 매만진다"라는 뜻이고 개(고랑)를 손으로 깊이 파서 '개'를 내니까 이렇게 말한다. 중벌 후 논을 일주일 정도 말린다.

그러나 수렁논은 물을 빼서 논을 말릴 수가 없다. 중벌 15일 후에 마지막 논매기인 만두리를 한다.

음력 9월말에 벼 베기를 한다. 수구렁논은 벼를 수확할 때가 가장 힘들다. 그냥 걸어 다니기도 힘든 수구렁논에서 베어낸 벼를 운반하는 일은 보통일이 아니다. 그래서 나중에는 벼 운반에 배를 이용했다. 함석으로 배를 만들어 배 양쪽에 줄을 묶는다. 벼를 낫으로 베어 다발로 묶어서 배에 실으면 논둑에서 배를 잡아당겨 볏단을 내려놓는다. 이를 반복하며 벼를 수확한다.

70년대 초에는 두 사람이 발로 밟아서 돌리는 탈곡기로 탈곡을 했다. 이를 '기계홀태'라고 불렀다. 탈곡 후 볏짚에서 떨어지지 않은 벼이삭을 '묵지'라고 한다.

수확은 2마지기에서 80kg들이 가마니로 7가마니를 수확했다. 수구렁논의 쌀은 미질이 좋다. 수구렁논에 볏짚은 흙이 묻어있어서 지붕용으로 활용은 어려웠다. 탈곡 후에 논에 집어넣거나 거름용으로 한다. 양씨는 이 수구렁논을 1970년대 초에서 말까지 경작했고 지금은 경지정리를 해서 매립되었다.

2. 논보리

보성의 논보리의 전통농법에서는 논에서 보리 재배를 위한 논갈이 도구의 특징을 볼 수 있다.

〈사례 29〉 복내면 봉천리 당촌마을의 박태형씨(1947년생, 남)

논보리는 '왕두둑보리'와 '송장보리', 두 가지의 농법이 있다.

왕두둑보리는 벼 수확 후에 논을 쟁기로 엎고 120~130cm 폭의 두둑을 만든다. 갈쿠리(발)가 3개인 소스랑(쇠스랑)으로 두둑을 고른다. 두둑에 보리씨를 흩뿌리고 고랑의 흙을 덮는다.

송장보리는 논에 골을 타지 않고 전체에 보리씨와 거름을 흩뿌리고 쟁기로 엎는다. 송장을 땅에 묻으니까 보리를 묻는다고 송장보리라고 한다.

〈사례 30〉 겸백면 은덕리의 양기승씨(1935년생, 남)

음력 10월초에 나락을 베고 보리를 갈기 위해서 쟁기질을 한다. 논은 모폭시(벼그루)가 있어서 쟁기질하기가 힘들다. 논보리는 쟁기질 2거웃으로 130cm 폭의 두둑을 남기고 골을 낸다. 쟁기질 소는 암수소를 사용하는데 소가 실하면 5치(1치는 약 3.03cm) 보습을 사용하고 소가 약하면 4치 보습을 사용한다.

보리는 습하면 안 되는 농작물이니까 배수를 위해 골을 만드는 것이다. 두둑부분은 쟁기질이 안 된 부분이다. 두둑을 '팽이써레질' 하고 사람이 다시 소스랑으로 고른다. 괭이써레질을 하면 모폭시의 볏뎅이(벼그루의 흙덩어리)가 부서진다. 괭이써레질할 때는 독(돌)을 괭이써레 위에 얹어 놓거나 사람이 올라탄다. 두둑에 보리씨를 뿌리고 '산태미(삼태기)'에 망옷을 담아 흩치고 소스랑으로 흙을 깨어 덮는다. 논보리 베고 하지 전후 3일에 모를 심는다.

〈사례 31〉 겸백면 송곡리 박실마을의 양재평씨(1933년생, 남)

겸백면과 율어면에서는 골보리를 경작하고, 득량면에서는 골보리를 거의 경작하지 않는다. 골보리를 갈려면 쟁기질을 3~4벌 갈아야 한다. 양씨는 '장등논'이라고 부르는 사석지지沙石之地 논 3마지기(900평)를 소유하고 있었다. 이 논에서 골보리를 경작한 적이 있다.

왕두둑보리를 경작할 때는 물이 잘 빠지는 논은 두럭이 넓어도 되고, 물이 잘 안 빠지는 논은 4자 정도의 두럭을 만든다. 2~3일 논을 말리고 나서 괭이써레로 문댄다(써레질 한다). 다음은 소스랑으로 고랑과 두럭을 고르고 두둑에 보리씨를 뿌린다. '망옷'을 깔고 고랑의 흙을 삽으로 떠서 복토한다.

예전에는 나무 괭이(옹이)가 있는 것으로 만든 써레라서 '괭이써레'라고 불렀다. 논보리 경작할 때에 나락폭시 덩어리를 깨기 위해 사용한다.

〈사례 32〉 복내면 봉천리 당촌마을의 박태형씨(1947년생, 남)

왕두둑보리를 경작할 때 괭이써레질을 할 때는 사람이 올라타거나 돌을 얹어 놓는다. 예전에는 아이들이 서로 타려고 경쟁했다. 괭이써레는 다음과 같이 만들었다.

길이 1m 20cm 정도의 소나무를 6개 정도 마련한다. 가지가 많아야 괭이가 많이 생기니까 이런 것을 골라서 묶어 만든다. 괭이부분을 철사를 구부려서 만들다가 나중에는 성냥간에서 칼 모양의 부분을 만들어 붙였다.

3. 마무리

보성 사람들의 논에서의 전통농법을 사례를 통해서 살펴보았다. 보성 사람들은 논갈이는 3번에서 6번을 하는데 논갈이의 명칭이 다양하다. 보성에서 나타나는 논갈이의 용어를 살펴보면 다음과 같다.

- ▼ 초바닥 간다 : 논에서 벼를 수확한 후 시안에 하는 애벌갈이를 말한다. "초바닥 뜬다"라고도 한다. 시안은 겨울철을 뜻하는 지역어인데 세안歲內에서 비롯된 말이다.
- ▼ 생갈이 뜬다 : 초바닥을 뜰 때 생긴 두둑을 가르는 쟁기질이다.
- ▼ 궁굴린다 : 논을 부드럽게 풀어주는 3번째 쟁기질이다.
- ▼ 풀을 싸고 쟁기질 한다 : 산에서 풀을 베어다가 거름으로 논에 깔고 쟁기질을 한다. 풀을 싼다는 것은 풀을 덮는다는 뜻이다.
- ▼ 가중이를 한다 : 모를 심기 전에 한 번 더 하는 쟁기질이다.

이러한 논갈이의 용어는 쟁기질의 방법, 또는 토질의 상태를 표현하고 있다.

보성에서는 볍씨를 '씨나락'이라고 부르고 볍씨를 싹틔우는 것을 "촉 틔운다"고 한다. 그리고 "오전 10시 사시巳時가 되면 씻나락(볍씨)이 기어나간다"는 말이 전승된다.

줄모는 새마을 운동 무렵 일본에서 도입된 모내기법이다. 보성 사람들은 줄모 이전의 허튼모를 '손모' 또는 '흩튼모, 흔튼모'라고 불렀다.

모심기 후에 모가 빈자리에 다시 모를 채우는 것을 "뜬모 메운다"라고 한다. 논매기는 3번 또는 4번 해준다. 논매기를 3번하는 경우, 첫 번째는 '도사리', 두 번째는 '초벌', 세 번째는 '만도리' 또는 '만물'이라고 하고 4번 논매기를 하는 경우는 세 번째 논매기를 '중벌'이라고 하고 네 번째를 '만도리'라고 한다. 미력면 도개리의 채희순씨는 첫 번째 논매기는 '도사리', 두 번째는 '호미질', 세 번째는 "호미골 푼다"고 하였다. 두 번째 논매기는 호미로 하는데 이때 덩어리진 흙을 세 번째 논매기 할 때 손으로 풀어준다.

병충해에 대해서는 멸구 퇴치가 주로 이루어졌다. 보성에서는 멸구를 '메루'라고 부른다. 들기름이나 폐유廢油를 논에 뿌릴 때, '메루 바가치(바가지)' 또는 '복개(밥그릇 뚜껑)'를 도구로 사용하였다.

수확한 벼는 논에서 말리고 논에 멍석을 깔고 타작을 했다. 보성 사람들은 벼를 '나락'이라고 부르고 곡식을 까부르는 도구인 키를 '챙이', 멍석은 '덕석'이라고 한다.

보성에서 논의 종류는 크게 세 가지로 구분된다. 찬물이 솟거나 흘러들어와 논에 물이 고여 있는 '찬물고지', 모래성분의 논인 '사석지지沙石之地', 그리고 '수렁논'이다. 논의 명칭은 '달뱅이논(달팽이논)', '두루사리논', '수구렁논(수렁논)', '맥답' 등이다. 수렁논은 현재는 찾아보기 힘들다. 득량면 송곡1리 텃골마을 양재필씨의 '수구렁논'과 같이 기계화되기 전에 전통농법이 이루어진 사례는 매우 소중하다.

보성에서는 논갈이의 용어와 논의 종류에 따른 명칭이 다양하다. 보성의 논농사에서 특징적인 것은 이러한 용어와 명칭의 다양성이다. 이 또한 다양한 전통농법의 문화재산이라 할 수 있다.

보성에서는 보리농사를 할 수 없는 1년 1작 지대가 대산리의 신전마을과 용반리의 대은마을의 사례가 있다. 이 밖의 지역에서는 논보리와 밭보리를 재배했다. 논보리는 두둑이 120~130cm라서 '왕두둑보리' 또는 '두덕보리'라고 불렀고, 밭보리는 골에 파종하니까 '골보리'라고 불렀다. 또한 논에서 골을 타지 않고 보리씨를 흩뿌리고 쟁기로 엎어서 보리씨를 덮는 논보리를 '송장보리'라고 한다. 송장처럼 묻는다는 것에서 비롯된 말이다. 논보리 경작의 특징은 '괭이써레'를 사용하는 점이다. '괭이'는 옹이의 지역어다. 괭이써레는 논에서 벼 수확 후에 남아있는 벼의 그루를 깨기 위해서 사용된다. 보성 사람들은 벼 그루 또는 벼 포기를 '모폭시', 벼 그루가 뭉친 흙덩어리를 '뱃뎅이'라고 부른다. 괭이써레는 옹이가 있는 1m 20cm 정도의 소나무를 6~7개 정도 묶어서 만들었다. 〈도 1〉과 〈도 2〉는 순천의 산촌마을에서 괭이써레로 밭을 가는 모습이다.

소나무 가지로 만든 괭이써레는 옹이가 쉽게 달아 없어지니까 철사를 구부려서 옹이를 대신하다가 칼모양의 쇠붙이를 대장간에서 만들어 박았다. 〈도 3〉은 사례 30의 득량면 송곡리 박실마을의 양재평씨가 사용하던 괭이써레다.

〈도 1〉 순천시 산촌마을의 괭이써레(좌) 괭이써레의 위에 돌을 얹거나 아이들이 올라타고 써레질을 하기도 했다.
〈도 2〉 순천시 산촌마을의 괭이써레(우) 괭이써레의 밑부분에 옹이가 보인다.

〈도 3〉 보성군 득량면 송곡리 박실마을의
양재평씨가 사용하던 괭이써레
세로에 널빤지를 8장 잇고 가로에
세 줄의 각목을 대고 칼모양의 금속을 박았다.
금속은 한 줄씩 위치가 어긋나게 했다.

제3장

밭농사의 생산기술과 민속

밭농사는 보리농사, 목화재배, 피稗농사의 사례를 살펴본다.

1. 보리농사

보성의 보리농사에서는 논보리와 밭보리 농법의 대조가 특징적이다.

〈사례 1〉 복내면 봉천리 당촌마을의 박태형씨(1947년생, 남)

'골보리'는 골(고랑의 전라도 말)에 보리씨를 흩치는(뿌리는) 농법이다. 쟁기질 한 후에 고랑을 소스랑으로 고른다. 두둑의 폭은 30~40cm 정도다. 골보리는 상강 후 동지 전에 파종한다. 보리씨를 파종할 때는 발대(발채)를 얹은 지게에 망웃을 담아 밭으로 운반해 놓는다. 짚소쿠리나 대바구리에 씨를 담아서 골에 씨를 뿌리고, 망웃을 산태미(삼태기의 전라도 말)에 담아 골에 솔솔 뿌리고 두둑의 흙을 소스랑으로 덮는다. 보리 파종이 끝나면 산에 땔감나무를 하러 간다.

봄이 되면 삽으로 흙을 덮어서 보리를 붓(북)한다. 겨울에 흙이 얼었다가 봄에는 땅이 풀려서 서릿발 서듯이 얼부풀어져 있으니까, 하드레(음력 2월 초하루의 전라도 말)에 웃비 줄 무렵에 붓 해준다.

김매기는 여자들이 우수 경칩 무렵에 대부분 1번 정도 한다. 망종이 지나면 보리가 죽는다. 보리가 몰라지면(죽으면) 낫으로 베어서 수확한다. 발동기(또는 타맥기)는 한 동네에 하나씩 있었고 타맥기 기계가 없을 때는 도구통(절구)에서 찧었다. 이는 여자들의 일이다.

〈사례 2〉 율어면 고죽리 죽포마을의 박두남씨(1929년생, 남)

이 지역은 논과 밭의 비율이 7：3이다. 밭은 홀쳉이로 간다. 논쟁기와 밭쟁기는 다르다. 음력 10월에 보리를 파종한다. 두둑은 1자(약 30.3㎝), 고랑은 한 뼘 정도로 쟁기질을 한다. 골에 보리씨를 뿌리고 그 위에 거름을 흩치고 갈퀴(쇠스랑)로 흙을 덮는다. 거름은 풀을 베어서 삭혀서 만든 망옷을 사용한다.

비료가 나오기 전에는 합수를 거름으로 썼다. 합수란 소매(인분거름)를 말한다. 합수는 시안이나 봄에 준다. 합수는 장군으로 운반하고, '구뎅이'로 밭에 준다. 장군은 목수가 만들었다. 구뎅이는 소나무를 파서 만들어 사용했다.

보리는 봄 해동 후에 음력 2~3월에 밟아준다. 이 지역은 따뜻한 곳이라 보리를 많이 밟지는 않았다. 이 지역에는 "보리 안패는 2월 없고, 나락 안패는 6월 없다."는 말이 전승된다.

보리는 망종 때에 벤다. 해에 따라 음력 4월 망종, 음력 5월 망종이 있다. 보리는 도리깨질로 타작하고 도구통에 찧어 정미한다. 도구통에서 보리를 찧는 것은 주로 여자가 하지만 남자가 도와줄 때는 메를 사용한다.

도구통은 옥자귀로 파서 만들었다. 솔나무 뿌리부분을 밑으로 한다. 도굿대는 참나무로 만들었다. 도구통은 잘 쓰면 대물림 이상 된다.

〈사례 3〉 겸백면 은덕리의 양기승씨(1935년생, 남)

밭보리를 '골보리'라고 하고 두둑은 30㎝이다. 밭은 물이 잘 빠지니까 보리씨를 골에 파종한다. 골보리는 보리씨를 골에 흩고 재소쿠리 또는 산태미에 망옷을 담아 그 위에 뿌린다. 소스랑으로 흙을 덮는다.

보리타작은 마당에서 도리깨질로 한다. 이때에 이삭이 안 떨어진 것은 '서시랭이(또는 무거지)'라고 한다. 보릿짚은 망옷을 만들 때 사용한다.

〈사례 4〉 회천면 전일리의 김씨(1948년생, 남)

밭보리는 음력 9~10월에 파종한다. 보리 파종을 하기 위해 망옷을 바지게로 지어 밭으로 나른다. 소쿠리로 망옷을 밭에 흩친다. 쟁기질로 30cm 고랑을 만들어 이랑(고랑)에 파종한다. 소스랑으로 흙을 덮는다. 김매기는 1번 정도한다. 정월 초부터 보름사이에 붓(복토)을 해준다. 겨울동안에 땅이 얼부풀어 있는 밭에 흙을 덮어주는 것이다. 보리수확은 망종(양력 6월 6일) 무렵에 한다. 밭이나 공동마당에서 탈곡기로 탈곡하고 디딜방아로 정미했다.

〈사례 5〉 웅치면 용반리2리 대은마을의 임금식씨(1940년생, 남)

대은마을은 깃대봉 북쪽 자락에 있는 마을이다. 예전에는 50호가 살았다. 이 지역은 논과 밭의 비율이 8 : 2다. 이 마을은 전라북도 남원시 운봉읍 다음으로 해발이 높다. 이곳의 해발은 약 230m다. 이곳은 보리 생산이 안 되는 1년 1작 지대다.

봄에 보리를 빌려 먹고 가을 벼 수확 후에 쌀로 갚았다. 겉보리 1되와 쌀 1되를 바꾸었다. 이와 같이 쌀과 보리를 바꾸어 먹는 것을 '색갈이'라고 한다.

〈사례 6〉 웅치면 대산리2리 신전마을의 주연옥씨(1933년생, 남)

이 지역은 추워서 보리는 거의 경작하지 않았다. 이 마을은 전라북도 남원시 운봉읍 다음으로 춥다. 운봉읍은 지리산의 바래봉(해발 1,167m) 아래에 있는 마을로 해발 600m 정도의 준 고랭지 지역이다.

보성군의 바닷가 마을 회천면보다 기온이 2주일 정도 차이가 난다. 회천면에서는 입동 때 보리를 파종하는데, 웅치면에서는 입동 안에 보리가 세 잎 나와야 보리를 먹는다고 한다. 웅치면의 면소재지 밑의 마을에서는 보리를 갈았다. 대산리에서는 보리를 갈지 않아서 겨울 농사는 거의 없었다.

밭농사는 1년 1작으로 밭에서는 콩과 팥을 농사지었다. 만약 논보리를 하더라도 보리 수확 후에 모심기를 하면 가을에 나락이 늦어진다. 나락이 익기 전에 서리가 오면 나락도 망친다.

모심고 나서 음력 5월 그믐이나 6월초에 콩, 팥을 파종한다. 콩, 팥은 밭에 두둑을 만들지 않고 흩뿌리고, 쟁기질을 한다.

2. 목화재배와 피稗농사

목화재배와 피稗농사의 사례를 살펴본다.

〈사례 7〉 율어면 고죽리 죽포마을의 박두남씨(1929년생, 남)

'미영'은 보리와 혼작을 한다. 미영은 무명의 전라도 말로 목화를 말한다. 보리가 배동이에서 패면, 보리 두둑에 뾰쪽한 괭이로 골을 친다. 음력 3월에 손으로 미영씨를 흩치고 발로 덮는다. 거름은 망옷을 준다.

보리를 베고 망종 이후에 미영밭에 지심을 호미로 맨다. 장마가 지면 여러 번 지심을 매고 가물면 덜 맨다. 솎아주는 횟수는 거름을 많이 준 경우는 드물게, 거름을 적게 준 경우는 베게(자주) 솎아준다. 음력 5월 무렵에 순을 쳐 준다. 순을 쳐 주면 가지가 난다. 미영열매인 '다래'가 열린다. 미영 꽃이 피고 음력 8월부터 목화를 수확하고 서리가 오면 목화를 뽑는다. 목화는 단단해서 낫으로 베기가 어려우니까 뽑는다. 뽑아서 산에 양달에 넌다. 덜 익은 것이 몰아져서 피면 목화솜을 딴다.

〈사례 8〉 문덕면 죽산리 강각마을의 박홍식씨(1931년생, 남)

밭에서는 주로 콩과 팥을 재배했다. 콩과 팥은 보통 낫으로 베어서 도리깨질을 한다. 팥은 낮에 수확하면 팥알이 떨어지니까 주로 아침에 습기가 있어서 촉촉할 때 수확한다.

보리는 베어서 다발로 묶어서 도리깨로 두들긴다. 마당을 쓸고 맨마당에 보리를 놓고 도리깨질을 한다. 농사철에 이렇게 마당을 사용하면 마당이 패서 울퉁불퉁해지니까 마당을 고른다. 마당에 흙을 넣고 마당을 메꾸는(메우는) 일을 "마당 돋운다"고 한다.

밭에서 피稗농사를 많이 지었다. 피는 볏과의 한해살이풀이다. 피는 척박한 땅에 재배한다. 밭에 피를 흩뿌린다. 피는 껍질이 잘 벗겨지지 않는다. 도정은 절구에 찧고 챙이(키)로 까불리기를 거듭한다.

3. 마무리

밭에서 보리 경작은 고랑에 보리씨를 살파撒播하고 '산태미'에 '망웃'을 담아 보리씨 위에 뿌리고 소스랑으로 흙을 덮는다. 그래서 밭보리를 '골보리'라고 한다. 보성에서는 고랑을 '골', 삼태기를 '산태미', 탈곡기를 '타맥기'라고 부른다. 보리농사는 거름이 중요하다. 인분거름을 '합수'라고 하고 풀을 베어서 삭혀서 만든 거름을 '망웃'이라고 한다. 보리의 밑거름으로는 망웃을 주고 웃거름으로 합수를 주었다.

봄에는 땅이 얼부풀어져 있는 상태이니까 흙을 덮어준다. 이를 "붓 해준다"라고 하는데 "북을 준다"는 뜻이다.

사례를 통해서 살펴보았듯이 보성의 웅치면 대산2리 신전마을과 용반2리 대은마을은 보리생산이 어려운 1년 1작 지대다. 대은마을에서는 봄에 보리를 빌려 먹고 가을에 벼 수확 후에 쌀로 갚았다. 이를 '색갈이'라고 한다.

제4장

갯마을 사람들의 생산기술과 민속

보성군의 행정구역 중에 벌교읍 조성면 득량면 회천면의 4개의 지역은 바다와 접하고 있다. 이들 지역에서 갯마을 사람들의 생산기술과 민속은 염전 일구기가 특징적이다.

〈사례 1〉 벌교읍 대포리 제두마을의 김일수씨(1933년생, 남)

예전에 제두마을에는 40~50호가 살고 있었고 동내와 주변에 7~8개의 염전이 있었다. 이 지역에서는 자염煮鹽을 화렴火鹽 또는 육염陸鹽이라고 부른다.

염전의 구조는 다음과 같다. 뻘(개흙)로 2~3m의 제방을 쌓고 수문을 만든다. 염전에 나무가래로 깊이 1m의 둥근 구덩이를 판다. 이를 "섯 친다"고 한다. 소금물을 만들기 위해 만드는 구덩이를 이 지역에서는 '섯' 또는 '섯구덕'이라고 한다. 섯은 두 개를 만들고 그 사이에 짠물(소금물)이 모이는 깊이 2m 정도의 구덩이를 하나 만든다. 두 개의 섯은 교대로 사용한다. 짠물이 모이는 곳은 '짝지구덕'이라고 부른다. 빗물이 들어가지 않게 마람(이엉의 전라도 말)으로 덮어둔다. 섯 중간쯤에는 나뭇가지로 겅그레를 만들고 섯 입구에 문을 2개 만든다. 이 문으로 염토를 넣는다.

염전에 바가치(바가지)로 갱물(바닷물)을 뿌리고 써레로 갈아서 개흙을 말린다. 이를 여러 번 반복한다. 갱물을 뿌려 염전이 젖어있는 상태를 "간이 먹었다"고 한다.

염전이 마르면 개흙에 소금이 반짝거린다. 이를 염전에 "간이 핀다"고 한다. 간이 피면 나래로 섯에 개흙을 밀어 넣는다. 나래질은 3~4명이 한다. 염전 주변은 바닷물이 들어오게 수로水路를 만든다. 수로의 갱물을 섯에 퍼붓는다. 짝지구덕에 소금물이 모인다. 짝지구덕에서 홈을 파서 소금을 굽는 가마터 앞까지 연결되어 있다. 짠물을 바가치로 퍼서 홈에 부으면 가마터로 흘러간다. 짝지구덕의 깊이는 2m이니까 계단을 만들어서 내려가면서 짠물을 퍼 올린다.

가마터에서는 3~4명이 작업을 한다. 염전 주인을 '가매(가마) 부장' 또는 '염부장'이라고 불렀다. 땔감은 팔용산 근처 마을에서 사서 배로 실어온다. 가마 한 솥의 소금을 굽는데 땔감 50다발이 든다. 100다발이 1접이고 1접으로 소금 2가마를 굽는다.

소금 1말이 쌀 1섬 가치의 시대였다. 마을에서 염전을 하면 부자가 되었다. 화렴을 만드는 시절에는 벌교읍은 부자동네였다. 이 지역은 전라남도에서 소금 만드는 곳으로 유명했다. 소금을 사려고 줄서서 3~4일을 기다리곤 했다. 옛날에는 걸어서 30리 거리인 순천시 낙안면의 마을에서도 소금을 사러왔다.

날이 좋으면 10~15일에 한 번 소금을 만들지만 비가 오면 헛일이 된다. 장마 때는 만들지 못한다. 부지런하면 1년에 3~4번 소금을 만들었고 논 3마지기를 살 수 있었다.

김일수씨의 형님(김일산씨, 1923년생)이 염전을 경영해서 화렴을 만들었고 김씨도 18~19살 때 형님이 군대 갔을 때 3년 동안 형님 대신에 염전을 운영했다. 그 후 6·25가 일어나 피난민들이 내려왔다. 황해도 옹진에서 내려온 피난민이 이곳에서 천일염을 시작했고 기술을 전파했다. 점점 땔감도 귀하게 되어 화렴은 사라졌다. 천일염은 지금도 만들고 있다.

마무리

보성의 갯마을 사람들은 염전을 일구어 자염을 생산했다. 벌교읍 대포리 제두마을의 염전은 염전주변에 바닷물이 들어오게 수로를 만들었고, 소금물을 만드는 구덩이인 '짝지구덕'에서 소금을 굽는 가마터까지도 홈을 파서 소금물을 가마터 앞까지 흘려보냈다. 물통과 물지게와 같은 운반도구를 사용하지 않았다는 것이 이 지역의 자염생산 기술의 특징이다.

제5장

1940년대 기록으로 본 마을 생활사

　　1944년에 웅치면 대산리 신전마을에 대해 기록한 「호남 농촌조사 야장 발서」를 통해서 신전마을 사람들의 생활사를 살펴보고자 한다.

　　일본의 사회학자 스즈키 에이타오로鈴木 榮太郎(1894~1966)는 1944년 2월 하순에 웅치면 대산리 신전마을에서 일주일 동안 지내면서 현장공부를 한다. 소위 필드 워크 field work다. 그는 이때 기록한 필드 노트 중에서 신전마을의 생활관행에 대해 관심 있는 대한 글을 「호남 농촌조사 야장 발서」라는 제목으로 학술지 「조선」 353호에 발표한다. 이 원고는 후일 그의 저작집 『鈴木榮太郎著作集 朝鮮農村社会の研究』第Ⅴ 巻(일본, 미래사 1973)에 수록된다. 제목을 '야장 발서野帳 抜書'라고 하였듯이 야장野帳, 즉 필드 노트field note 중에서 발췌한 글이다. 이하 본고에서는 '야장발서'라고 칭한다.

　　2012년 7월 하순에 스즈키씨의 기록을 들고 대산리 신전마을을 찾아갔다. 스즈키씨가 방문한 것은 약 70년 전의 일이다. 그 당시를 경험한 많은 분들이 이미 고인이 되었고, 당시의 생활상을 기억하고 설명할 수 있는 분은 많지 않았다. 아니 거의 없었다. 신전마을의 주연옥씨(1933년생, 남)는 이 마을에서 태어나서 한평생을 살아오신 분이다. 주연옥씨의 설명을 바탕으로 스즈키씨의 기록을 실증적으로 고찰한다. 마지막에 야장발서 번역문과 원문을 수록한다.

1. 신전마을의 생활사

● 대산리의 마을 형성

야장발서에는 대산리의 마을 형성의 역사를 잘 설명하고 있다. 1944년 당시 신전리에는 19호가 살고 있었고, 1926년 무렵에 대산1구와 2구로 나누어졌다. 대산리는 지금도 1리 2리로 나누어지고 있는데 주연옥씨는 주소를 여전히 '대산2구'로 표현한다. 현재의 도로명주소는 '임수신전길'로 임수마을과 신전마을을 통합했다.

● 두레

이 마을에는 부잣집이 두 집 있었다. 김생여씨 댁은 머슴이 4명, 최경씨 댁은 머슴이 2명 있었다. 야장발서에는 농경자를 일꾼이라고 하고, 신전마을 19호 중에 일꾼(농경자)이 아닌 집이 세 집 있는데 최씨와 김씨는 지주이고 나머지 한 집은 봉씨로 독경자(무당과도 다른 일종의 주술자)라고 기록한다.

남의 집살이를 '고입' 또는 '고공살이'라고 했다. 쇠경은 상머슴의 경우는 쌀 6가마니, 중머슴은 4가마니 반이다. 소 깔(꼴)을 베어주는 머슴을 '깔땀살이(꼴머슴의 전라도 말)'라 불렀고 쇠경은 쌀 1가마니~1가마니 반이다. 당시 1일 품삯이 백미 5홉이었다. 머슴은 정월 초이틀에서 섣달 그믐날까지 1년간 일한다. 1년 중에 고공살이의 쉬는 날은 다음과 같다.

①정월 보름 ②이월 하드레(초하루) ③4월 초파일 ④6월 15일 유두 : 장원 뽑는 날
⑤7월 칠석 ⑥7월 백중 ⑦8월 추석 ⑧9월 9일

일꾼들이 논매기를 할 때 협동조합인 두레를 짠다. 논매기는 3번 하는데 전부 맨손으로 한다. 순서대로 '①도사리 ②초벌 ③만물'이라고 부른다. 모내기 15일 후에 도사리를 한다. 도사리는 논에 풀 거름을 한 것 중에 뻣뻣한 것을 추려내는 작업으로 간단하다. 그래서 도사리 때에는 두레(품앗이)는 짜지 않고 삯꾼을 쓴다. 초벌

때부터 두레를 짠다. 이 지역에서는 품앗이를 두레라고 부른다.

음력 1월에는 논에 두엄을 낸다. 이때에 두레로 하기도 한다. '소고지(외양간)'가 차면 2~3명이 소고지를 쳐서 두엄을 내어 놓은 것을 두엄 베눌로 만들어 놓는다. 이 지역에서는 외양간을 소고지라고 하고 외양간의 두엄을 밖으로 내는 것을 "소고지 친다"라고 한다.

2월에는 산에 땔감나무를 하러 간다. 8월초에는 '8월 나무'를 베러 간다. 시안에 집안에 불을 때기 위해서 각 집의 깎음이나 깔대풀을 베어 말려서 마련한다. 땔나무를 할 때는 두레로 하지 않는다. 각자 자기 집에 필요한 나무를 하러 간다. 여름에 거름용 보리풀은 두레를 짜서 한다. 논의 메루(멸구) 퇴치는 "메루를 품는다"고 한다. 두레를 짜서 메루를 품으러 다녔다. 이곳은 1년 1작 지대라서 보리농사는 짓지 않는다. 보리농사에 관련되는 두레는 없다.

● 풀베기

12~13명이 하나의 두레를 짜서 '보리풀'을 하러 간다. 거름을 만들기 위해 산에서 베는 풀을 보리풀이라고 한다. 보리는 밑거름이 필요한 농작물이다. 보리 밑거름을 만들기 위해 산에서 풀을 베어 인분과 섞어서 삭혀서 거름을 만드는 보리거름용 풀이다. 소를 키우고 화학비료가 없던 전통농경사회에서는 거름용 보리풀뿐만이 아니라 소먹이로도 필요했기 때문에 풀베기는 필수였다.

풀베기를 하러 갈 때는 각 집에서 2, 3명의 일꾼이 나온다. 음력 6, 7월에 산에 가서 보리풀을 베어서 음력 7월 그믐 경에 작두로 썰어서 퇴비를 만든다. 보리풀에 인분을 섞어서 삭힌다. 짚으로 엮은 마람(이엉) 또는 풀을 썪어 놓는다. 이렇게 만들어 숙성한 거름이 '망옷'이다.

일꾼이 많으니까 반나절 풀베기를 하면 한 집에 필요한 보리풀을 채취한다. 일꾼들은 오전과 오후에 각각 한 짐씩 보리풀을 한다. 풀을 베고 오면 부잣집에서는 막걸리, 개떡, '하지감자' 등으로 새참을 제공한다. 하지가 넘어서 감자를 수확하니까 하지감자라고 부른다. 점심은 각자 먹고 모여서 '사장(정자나무)'에서 같이 낮잠을 자고 오후에 다시 풀베기를 한다. 야장발서에도 점심은 각자 자기 집에 돌아가 먹는다고 적혀있다. '개떡'은 보통 쌀겨와 보릿겨로 만들었는데, 부잣집에서 밀가루 반죽에 호박잎을 깔아서 만든 것도 개떡이라고 불렀다.

애들끼리의 두레는 '소동패'라고 한다. 아이들은 어른들의 두레에 들어가지 못하니까 애들끼리 만드는 두레다.

● 진세進鉏

나이가 어린 일꾼이 어른들에게 진세를 낸다. 성인식과 같은 것이다. 진세턱을 낸 일꾼은 성인일꾼으로 인정해 준다. 야장발서에는 다음과 같이 설명한다.

두레 결성의 협의 시에 진세進鉏의 의식도 이루어진다. 진세란 아동두레의 소속자가 어른두레의 소속으로 승격하는 일을 공인하는 의례다. 이 공인은 두레 결성을 위한 평의회의 석상에서 의논하여 결정한다. 승격이 결정되면 본인은 그 답례로 진세턱을 낸다. 진세턱은 예전에는 술 한 말 내지 두 말이었다. 승격한 사람은 그때부터 노동력을 한 사람 분으로서 인정받는다.

● 사장

〈도 1〉 신전마을의 사장(2012년)

신전리 마을 입구에는 정자가 있다. 이곳을 '사장'이라고 불렀다. 마을 어르신들이 쉬고 있다〈도 1〉.

1944년 당시에도 이곳은 마을 휴식처였고 집합장소였다. 야장발서에는 다음과 같이 설명한다.

두렛날에는 아침에 북 소리로 집합한다. 장소는 사장이다. 사장은 어느 부락에도 있다. 사장은 한

자로는 射亭이다. 부락의 일꾼은 물론이고 부락 사람들이 모여서 놀고 휴식하는 곳이다. 부락 집회의 광장이라고도 할 수 있다. 사장은 부락의 공원이기도 하다. 대부분 작은 숲으로 여름은 시원한 나무 그늘이 있다. 사장에는 수목이 반드시 있으니까 '사장나무'라는 말도 있다. 사장에 집합한 두레꾼들은 농악을 울리며 용감하게 작업지로 대열을 만들어 행진한다.

신전마을 사장에는 지금(2012년 현재)도 커다란 사장나무가 있다. 예전에 일꾼들이 풀을 베러 갈 때와 올 때는 북을 치고 갔다. 10명이 가면 7명 정도가 작은 북을 치면서 갔다.

부잣집 논에 모심기를 할 때는 "못 북을 친다." 못 북을 칠 때 못 북 치는 사람 1명은 일은 안 한다.

● 장원례

6월 유둣날 마을의 장원을 결정한다. 그 해 농사가 잘 된 집의 일꾼 중에서 상일꾼과 고용주가 사장의 정각에서 장원을 뽑는다.

7월 칠석과 백중은 '장원주壯元酒를 먹는 날'이다. 이 날은 주인집 마당에서 농악을 치고 하루 논다. 마당에서 장원 일꾼을 소에 태운다. 장원 일꾼에게 용돈도 주고 베(옷감)도 주고 한다. 소는 마을 사람들이 끈다. 장난이 벌어지면 장원 일꾼 얼굴에 아궁이의 숯검정을 묻힌다. 그러면 주인이 세숫물을 떠다주고 수건을 내주고 한다.

● 마당밟기

정월 보름 안에 마당볼비(밟기)를 하면 잡귀가 없다고 한다. 징, 장구, 북, 소고, 꽹과리 등으로 매구를 친다. 야장발서에는 그 해 정월에 10명 이상이 부잣집을 돌아다니며 마당밟기를 했고 안마당에서 북이나 꽹과리를 울리며 미친 듯이 춤춘다고 표현한다. 그리고 꽹과리를 치면 귀신이 나간다고 믿으니까 농악을 매귀埋鬼라고도 한다는 설명을 기록한다. 야장발서 일본어 원문에는 일본에는 같은 용도의 악기가 없기 때문에 징과 꽹과리를 종鐘으로 표현한다.

꽹과리를 치면 귀신이 나간다는 것은 요란스럽게 귀신이 싫어하는 소리를 내어 물리치는 것이다. 1930년 무렵의 村山智順의 『조선의 귀신』에는 콜레라가 유행할 때 바가지를 긁어서 사람 소리와 같은 소리를 내서 콜레라 귀신을 쫓으면 콜레라에 걸리지 않는다고 기록되어 있다. 요란한 꽹과리소리와 바가지를 긁는 소리는 귀신이 싫어하는 소리이고 이러한 소리로 잡귀를 물리치는 것이다.

● 마무리

1940년대의 웅치면 대산리 신전마을 사람들의 삶을 기록한 「호남 농촌조사 야장 발서」는 일본인 스즈키 에이타로오씨鈴木 榮太郎에 의해서 이루어졌다. 이 기록은 신전마을의 생활사를 알 수 있는 중요한 자료로서 가치가 있다.

신천마을 사람들은 대부분이 논밭을 일구며 살았고 농사일 중에 특히 논매기와 풀베기는 두레를 짜서 공동 작업을 했다.

2. 호남 농촌조사 야장 발서(번역문)

전서前書

이 글은 지난 2월 하순, 전라남도 보성군 웅치면 대산리 신전마을에서 약 1주일 간 체재하면서 이 마을의 장로長老들에게 청취한 이 지역의 생활관행에 관한 얘기들 중에 특히 흥미로운 내용을 조사야장에서 몇 가지 발췌해낸 것이다.

1) 행정적 지역단체

전라남도 보성군 웅치면 대산리 신전동은 현재 19호다. 대산리라는 명칭은 한일

합병 후의 이름으로, 그 전에는 지금의 대산리 지구에는 통합된 행정구역이 없었다. 현재의 웅치면은 예전부터 하나의 면이었으나 한일합병 전에는 장흥군에 속했다. 현재의 웅치면은 6개리里다.

① 대산리 구동리舊洞里 5마을
② 강산리 구동리舊洞里 6마을
③ 용반리 구동리舊洞里 5마을
④ 중산리 구동리舊洞里 2마을
⑤ 봉산리 구동리舊洞里 3마을
⑥ 유산리 구동리舊洞里 6마을

위와 같이 유산리의 마을 하나는 한일합병 후 보성읍으로 편입되었다. 나머지는 그대로이고 예전부터 웅치면은 하나의 면이었다. 대산리의 종래의 5개 마을舊洞里은 다음과 같다. 소화19(1944)년 3월 현재의 가호수다.

대산리의 옛 마을
① 신전 19가호
② 임수 33가호
③ 장내 18가호
④ 해룡 33가호
⑤ 복흥 13가호

대산리는 현재 2구로 나눠져 있다. 장내, 해룡, 복흥의 3마을이 1구이고, 신전, 임수가 2구다. 총력연맹이 생기기 전에는 대산리는 하나의 구로 5마을이었다. 이 5개 부락은 각각 독립된 부락이었으나, 1구의 3개 부락은 비교적 근접해 있고 조금 떨어진 곳에 2구의 2개 부락이 있다.

병합 전에는 5개 부락에 각각 지사임知事任을 한사람씩 두었다. 지사임은 공금을 모으고 공문 전달을 했다. 지사임 밑에 소사小使역은 없었다. 큰 부락은 '이정里丁'이 있고 이 사람이 소사 일을 했다. 그러나 웅치면내의 부락에는 이정은 없었다. 병합 전의 웅치면에는 28개리里(부락)가 있었다. 그 중 한 부락만 보성읍 소속이 되었다.

　병합 전에는 면사무소는 없었다. 지금의 면장面長에 해당되는 것은 '존위尊位'라고 하였다. 이 면의 이름은 예전부터 웅치면이라고 했다. 군수郡守에 대해서 존위는 자신을 민民이라 하였고, 지사임은 소인小人이라 칭하였다. 구역적으로 웅치면은 하나의 부락을 제외하고 병합전과 같다.

　면面에는 존위 외에 '집강執綱'이 있었다. 주로 양반이 되었고 세력이 강했다. 유생으로 향교 관계자가 집강이 되었다. 면내의 사법에 관한 일도 집강이 맡았다. 그러나 다른 양반도 세력이 있었기에 부락내의 범죄자기 있을 경우, 양반의 집에 불러 벌을 주었다. 존위는 주로 상민 출신이 되었고, 단지 전달이나 금전의 출납 등의 일을 담당하였다. 부락의 지사임도 마찬가지였다. 지사임은 사실상 부락의 소사역이었다. 그렇기에 신분이 높은 자는 지사임은 하지 않았다. 그러나 형식상으로는 지금의 구장區長과 같다.

　당시, 부락(옛마을)에는 부락민의 회합을 위한 동도洞圖가 있는 곳도 있었으나, 신전리에는 없었다. 지사임은 부락내의 유력자가 선정했다. 기술한 바와 같이 지사임은 유력자는 맡지 않았으나, 최하급자도 하지 않았다. 부락내의 중위 정도의 자가 맡았다.

　예전의 부락의 회합은 정기적으로는 없었고 무슨 일이 있으면 열렸다. 이 회합을 '동회洞會'라고 하였다. 동회의 장소는 정해진 곳이 아니고 큰 사랑방이 있는 집에서 모였다. 1년에 적어도 1, 2번은 반드시 모임을 가졌다. 호세戶稅 납입 시에는 반드시 동회를 열었다.

　현재 면내에 '동산洞山'을 가지고 있는 마을도 있으나 없는 마을도 있다. 신전부락에는 최씨의 부친이 합병 후 정부의 토지 측량 시에 구입한 것이 있으나, 그 전에는 별도로 동산은 없었다. 병합 전에는 동산의 소유권이 확실하지 않았다. 어느 산에서나 재목이나 땔감도 자유롭게 벌목하였다. 집 지을 때의 재목도 어느 산에서든지 벌목할 수 있었다. 산림의 소유권이 정해진 것은 병합 후 정부의 토지측량 후다.

송계松契는 병합 후의 관념에 의해 생긴 것이라고 생각할 수도 있지만, 강산리에는 병합 전에도 송계가 있었다. 이 지방의 산림은 당시 좌수영(무관의 관청으로 여수에 있었다)의 관할로, 산림의 나무를 벌목한 사실을 관리가 알면 벌목자는 징계 되었다. 강산리의 송계에서는 다른 지방인이 벌목하는 것을 감시하고, 자기 마을내의 사람이 벌목할 경우에는 한 다발에 3전씩 받아서 계의 기본금으로 하였다. 강산리의 송계는 현재는 늘어났다.

이 지역에서는 병합 후에는 구장을 심부름꾼으로 여겼다. 1년에 수당으로 각호당 쌀 1되와 보리 1되를 받았다. 구장 밑에 역할은 없었다. 최근에 신제도에 의해서 연맹이사장 겸무로 되어 구장의 위상도 완전히 바뀌었다. 지금 구장의 수당은 1년에 1호당 2원인 곳이 많다. 수당은 어느 마을이나 있다. 배급 등의 권리가 있어서 지금의 구장은 권세가 있다. 구장 밑에 심부름꾼은 없고 언제나 구장이 직접 한다. 현재는 대부분 구마다 회관이 있다. 회관이 없는 구에서는 넓은 집을 이용한다. 회관은 대부분 농촌진흥회가 생겼을 때 세워졌다. 이 주변에서는 면장은 대부분 그 면의 출신이다. 구장은 면장이 임명한다. 실질적으로도 면장이 선정한다.

진흥운동의 무렵, 그 때까지의 여러 가지 계를 정리하여 진흥회를 만들었다. 그것이 실행조합이 되어 현재의 연맹이 되었다. 대산리가 1, 2구로 나누어진 것은 대정 15년(1926) 무렵으로 이전의 구를 전부 2구로 나누었다.

(주) 본 글은 부락의 개관을 나타내고자 첫 머리에 실었다. 특히 흥미로운 내용이 있는 것은 아니다. 그러나 병합전의 면이 거의 그대로 지금의 면으로 된 것은 그 후에는 그다지 많지 않다. 조선에서는 평균적으로 원래의 면 2개가 합병되어 지금의 면으로 되었다. 그러나 그것도 그 속에 포함되는 부락수가 대체로 지금의 면은 예전의 면의 약 2배로, 지금의 면의 지구地區는 원래의 면의 지구와는 거의 관계없이 구획되어 있는 경우가 많다. 원래의 면에는 행정적 의미 외에는

거의 사회적 통일성이 없는 경우가 많았기에 예전의 면의 지구는 무시해도 아무런 문제가 없었던 것이다.

2) 인보隣保

신전부락 19가호 내에는 작은 지명도 없고, 조직명도 없다. 예전에는 최근 만들고 있는 저수지의 위쪽에도 인가가 있었으나, 마을 이름은 없었다.

장례시의 부조는 무조건 부락 전체가 한다. 배부물이 있으면 모든 집에 돌린다. 하토야마씨鳩山 댁에서는 조부의 장례 때에 임수부락까지 배부물을 돌렸다고 한다. 극히 간단한 배부물이나 초대는 2, 3호 또는 3, 4호 주변집의 범위로 하는 경우도 있다. 자세히 살펴보면 서로가 친목하고 교통하는 주변 집의 권역은 있다. 왕래하는 관계를 살펴보면 신전부락도 3조직으로 되어있다. 그러나 확실히 나누어진 것은 아니다.

'오가작통五家作統'이라는 말은 아직도 남아있다. 오가작통은 20년 전까지 존재했다. 지금의 관청의 호적부에도 병합 당시의 호적에는 ○통○호라고 적혀있다. 병합 후 행정구역의 정리 시에 ○통○호가 없어지고 ○번지로 되었다. 통마다 통장이 있었다. 1통은 5가호인데 5가호 이상인 경우도 있었다. 진흥운동 시에 실행조합에도 오인조五人組를 조직하였다. 그러나 이것은 갱생지도부락에만 실행되었다.

> (주) 조선의 부락은 일본의 부락보다 규모가 작다. 일본의 부락에는 인보隣保의 사회 권으로 부락이 몇 지구地區로 구분되는데, 조선의 부락은 그 자체가 하나의 인보권을 형성한다. 신전부락에 뚜렷하지 않은 3개의 인보권역圈域은 제2차 세계대전 전의 일본의 대도시의 교외 주택지에 존재한 불확실한 인보관계와 같은 것으로, 중요한 사회적 의의는 없다. 일본의 농촌부락의 인보권역은 단순한 사회적 권역이 아니라 조직력 있는 집단을 형성하고 있다. 조선에도 큰 부락에는 인보권역이 확실히 나타나지만, 조직적인 집단은 아니다.

3) 공동작업조직

두레는 재작년(소화 17년, 1942년)까지 이루어졌으나, 작년부터 애국반 단위로 공동작업반을 만들어 작업했기 때문에 두레는 짜지 않았다. 그러나 면내 다른 마을에서는 작년에도 두레를 한 곳도 있다. 여기서는 올해도 공동작업반으로 하게 될 것이다. 공동작업반의 경우는 구장과 반장이 의논하여 노동력을 조정한다. 그리고 강제적으로 진행한다. 물론 노임은 지불하지만, 이는 공정임금이다. 모심기와 논매기도 공동작업으로 했지만, 특히 모심기와 수확 시는 공동작업으로 행하였다. 두레를 강제화 합리화한 것이 공동작업이라고 할 수 있다. 14~15세 이상의 남녀는 공동작업에 참가한다.

예전부터 관행적 공동노동조직은 두레, 품앗이, 모둠차례다. 이 중에서 규모가 가장 큰 것은 모둠차례, 다음이 두레, 그리고 품앗이다. 두레는 신전동(19호)이 하나의 조로 되는 경우도 있고, 3조가 되는 경우도 있다. 대부분 3조로 된다. 부락의 연장자가 조를 편성한다. 집마다 소를 키우고 있으니까, 소를 중심으로 조 편성을 한다. 물론 친목 관계도 가미된다. 품앗이는 2, 3명이 짜는 경우가 많아서 규모가 작다. 모둠차례는 신전부락 19가호 모두가 가입하는 것이 원칙이다. 모둠차례의 '모둠'이란 여러 가지의 뜻이고, '차례'는 두레의 의미로 큰 두레라고 풀이할 수 있다. 차례는 본래는 '순서대로'라는 뜻이다.

모둠차례는 부락민이 모두 참가하는데, 부락 이상의 큰 범위는 없다. 다른 부락과 합동해서 공동작업을 하는 경우도 간혹 있으나, 이는 모둠차례와는 다르다. 모둠차례는 주로 모내기의 작업을 하고, 논매기 때에는 두레가 원칙이다. 모둠차례는 모내기 때에만 이루어진다. 신전부락 19가호는 하나의 애국반으로 결성되어 있으니까 작년의 공동작업은 형식적으로는 모둠차례에 가깝다.

모둠차례에도 군물軍物(즉 농악)이 참가한다. 두레는 노동력으로 갚는데, 모둠차례는 돈으로 지불하는 점에서도 양자는 큰 차이가 있다. 그러나 이는 결과적인 것이고 양자의 근본적인 차이는, 두레는 상호원조의 조직이고 모둠차례는 일방적인 원조의 조직이라는 점이다. 두레는 부락민이 그 조통組統의 경지耕地를 누구라고 할 것 없이 순서대로 하나가 되어 작업을 해나간다. 결국은 서로 원조 받고 원조하는 형식이지만, 모둠차례는 부락내의 대경영자의 경지를 부락민이 모두 참가하여 작업하고 그 보수를 대경영자가 부락민에게 임금으로 지불하는 것이다.

모둠차례의 실행은 부락민이 협의하여 결정한다. 스스로 일을 시작하는 사람이 있다. 그러나 모둠차례의 실시를 부탁하는 쪽에서 의뢰하는 것이 보통이다. 즉 대경영자가 의뢰하는 것이다. 모내기 시기에 아직 모내기가 끝나지 않은 넓은 논이 있으면, 누군가가 기획하여 부락민이 총출동하여 작업하는 경우도 있다. 부락내의 대경영자의 처지나 상호간의 감정 등의 관계로 대경영자와 부락민의 관계는 일정하지 않고 미묘한 관계도 있으나, 모둠차례를 실행할 때는 부락민이 총출동하기에 부락의 공적인 일로 사실상 혼동하는 것 같다. 모둠차례를 의뢰하는 쪽은 부락민 총출동의 작업이 필요한 넓은 경지를 소유한 집안으로 노동에 대한 임금을 지불할 수 있는 재력이 있는 집안이다. 대농가 최씨 댁 및 김씨 댁에서 실시했었다.

모둠차례는 참가, 불참가는 표면상으로는 자유지만, 작업에 불참자는 없다. 모둠차례에는 간부는 없다. 지휘는 작업을 의뢰한 집 주인이 한다. 작업 때에 별도로 선소리꾼 한 명이 북을 치면서 선소리를 한다. 이에 따라서 모두가 함께 노래하며 매우 즐겁게 작업을 한다. 모둠차례는 두레와 같이 영기令旗(영令 또는 사령司令이라고 쓴 깃발)은 사용하지 않는다. 농악에 악기는 북 뿐이다. 편대의 행진도 없다.

식사는 작업을 의뢰한 집에서 제공한다. 술도 낸다. 이전에는 상당히 급여가 높았다. 작년에 최씨, 김씨 집의 작업을 했을 때도, 식사와 술이 제공되었다. 작년 최씨 경작지의 모내기의 모둠차례에 참가한 사람은 24~25명이었다. 집마다 평균 1명이상이 참가한 것이다. 작업은 하루 뿐 이었다. 작년에도 선소리꾼이 있었다. 최씨 댁의 모내기 작업 시 작업면적은 1정보(3,000평) 정도였다. 김씨 댁의 경작지도 이 정도다. 작업은 아침 8시 또는 9시부터 시작하여, 점심때에 1시간 반 휴식하고, 6시경에 끝났다. 작업의 면적은 엄격히 정해져 있지는 않다. 작업을 다 끝내지 못한 경우는 그대로 나두고 나중에 집안의 머슴에게 시킨다. 원래 저녁식사도 제공했으나 작년은 쌀이 충분치 않아서 저녁이 안 나왔다. 전에는 새참으로 비빔밥과 술을 제공했다. 새참은 오전에 한 번, 오후에 한 번이다. 저녁이 제공될 경우는 논주인의 집에서 먹었다. 점심이나 새참은 경작지의 현장에서 먹었다. 최근 10년간은 여자도 나오게 되었다. 그전에는 남자만 일했다. 밥 먹을 때는 일꾼의 가족도 와서 먹는 것이 보통이다.

논에서 노래하고 춤을 추는 것을 보면, 모내기는 뒷전으로 보인다. 모둠차례는 예전부터 매년 행해졌다. 모둠차례는 신전부락만의 관행이 아니라 다른 부락에도 있다.

신전부락의 두레는 소를 중심으로 3조로 편성되었다. 이 주변의 부락에서는 대부분 이렇게 소를 중심으로 부락의 두레를 몇 개의 조로 나눈다. 작업은 주로 모내기와 논매기다. 논매기는 4번 있고 두레는 적어도 3번까지 지속한다. 4번째 논매기는 해에 따라서 할 때도 있고, 없을 때도 있다. 두레는 돈은 지불하지 않는 것이 원칙이다. 두레는 노동력으로 갚는 것이 통례다. 제공한 노동량에 차이가 있을 경우에 대부분 노동력으로 갚으나, 차가 크게 났을 때는 돈으로 갚는다. 소를 중심으로 하는 편성은 모내기의 경우이고, 모내기의 두레는 모내기만 하고 해체된다. 연이어 논매기 작업을 하는 경우는 없다. 모내기가 끝나면 일단 해산한다.

논매기의 두레 때는 농악이 있다. 행렬은 짓지 않는다. 점심은 논주인이 제공한다. 예전에는 저녁과 술도 제공했으나 최근에는 점심만 제공한다. 모내기 때에는 점심은 논에서 먹고 저녁은 논주인의 집에서 제공한다. 논매기 때에는 논주인 집에서 전부 제공한다. 작업 중에 농악은 없다.

신전부락의 두레는 3조이고, 1조는 10명 이내다. 논매기 후에 호미씻기와 같은 위로연은 없다. 모내기 후에 두레의 구성원이 '써레씻김'을 하는 것이 통례다. 각 집에서도 한다. 써레씻김이란, 써레를 씻는다는 뜻이다. 써레란 소가 끄는 농구로, 그림과 같은 것이다〈도 2〉. 써레씻김은 주로 집에서 하는 것으로, 음식과 술을 먹으며 스스로 위로하는 가정적인 잔치다.

다른 지방에서는 논매기 후 주로 두레의 위로연으로서 집단적인 호미씻이가 있지만, 그것은 여기에는 없고, 거기에 상당하는 것으로서 장원례壯元禮가 있다. 호미씻이는 농민의 민중적 행사이지만 장원례는 대지주가 중심이 되는 농경적 행사다. 신전부락의 민중적인 두레와 대지주를 위해서 행하는 모둠차례의 관행을 결부시켜 보면, 신전부락의 장원례는 흥미 있는 것이다.

부락에 대답주大畓主가 두 집 있는 경우, 그 중 한 집이 유둣날(음력 6월 15일)에 장원례를 하면 다른 한 집은 칠석날(음력 7월 7일)에 한다. 유둣날에 각자 집 마당에서 행하기도 한다. 부락의 농민은 이때 마시고, 먹고, 춤추고, 노래하는, 환락의 하루를 보낸다. 이를 장원례라고 한다.

장원례 날에는 부락의 입구에 덕석기(멍석의 깃발)를 세운다. 덕석기에는 신농씨神農氏의 그림이 그려져 있다. 9자4치(1자는 30.3cm, 1치는 3.03cm)나 되는 큰 깃발이다. 이 깃발은 부락내의 어느 집에 보관하는 것이 관례였지만, 신전부락의 덕석기는 지금 대산리의 공동의 상엿집에 보관하고 있다. 이 상엿집은 전에는 1구에 있었지만 지금은 2구에 있다. 유둣날에 덕석기를 세우는 것은 명절을 축하하기 위한 것이라고 생각할 수 있지만 그 밖에 이유도 있을 것이다.

이날에는 마을사람들이 사장(농경자의 공동 휴식소, 회합소가 되는 소공원과 같은 임지)에서 대답주 집의 큰머슴(고용인의 으뜸)을 장식한 소등에 태운다. 큰머슴은 소의 엉덩이를 보고 반대 방향으로 소를 탄다. 소는 무명으로 장식해 씌우고 머슴은 화관을 쓰고, 얼굴은 숯 칠을 해서 변장한다. 몇 명의 마을 머슴들이 소를 타고 큰머슴의 뒤를 따라간다. 그리고 많은 마을사람들, 아마 부락의 사람들이 총출동하여 이 일행을 따라가고 큰머슴을 옹호 하면서 오장소리라고 하는 노래를 부르면서 그 주인집으로 보낸다. 주인집에 들어가면, 그 집의 안마당에 들어가서 집을 한 바퀴 돈다. 그러면 주인이 안마당에서 맞이하고 수고를 사례하여 돈이나 무명의 옷감이나 수건 등을 준다. 그리고 술과 안주가 안마당에 차려진다. 일동은 마시고, 먹고, 노래하고, 춤추며, 즐겁게 논다. 장원례에 참가하는 것

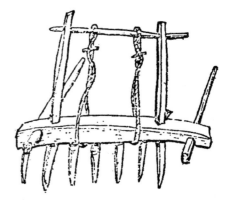

〈도 2〉 써레

은 모두 남자다. 장원례는 예전부터 있었고 지금도 매년 행해지고 있다.

장원례는 오래된 관행이지만, 머슴들이 한 잔 마시고 싶기 때문에 굳이 이것을 행하는 경향도 있다는 것이다.

장원례는 모둠차례를 하는 집에서 한다. 신전부락 19가호 중에는 일꾼(농경자)이 아닌 집이 세 집 있다. 세 집 중에 최씨와 김씨는 지주이고, 머슴(피고용인)이 있는 집의 농경지를 약간 경영하고 있다. 나머지 한 집은 봉씨로 독경자(무당과도 다른 일종의 주술자)다. 이 부락에는 세습적으로 고용된 머슴은 없다. 대부분은 1년 고용이지만 철머슴(일시적 고용)도 있다. 일꾼은 농경자의 뜻으로 그 중에는 자작, 자소작농, 소작이 포함되어 있다. 모둠차례나 두레에 참가하는 것은 모두 일꾼이다. 그러나 부락민이라고 하면 앞에서 말한 세 집을 제외하고 모두 일꾼이다. 그러니까 일꾼들의 행사는 결국 부락의 행사다. 그러나 장원례를 하는 것은 주로 부락내의 머슴들이다. 부락내의 중류 이상의 사람은 참가하지 않는다. 장원례에 참가하는 무리는 정월에 '마당밟기'를 하는 무리다. 마당밟기란 머슴이나 가난한 집의 사람이 모여서 일대一隊를 조직 하여 주로 부자 집을 돌아다니며 액막이의 주술을 하고 돈이나 술을 받는 행사다. 설날 이후 이 무리의 일대가 농악을 울리면서 술을 차려줄 듯한 집에 가서, 그 집 안마당에서 북이나 꽹과리를 울리며 미친 듯이 춤추는 것이다. 연초에 잡신을 쫓아버리기 위해서다. 꽹과리를 치면 귀신이 나간다고 믿는다. 그러므로 농악을 매귀埋鬼라고도 한다. 금년 정월에 마당밟기의 일대는 10명 이상이나 있었다. 이 일대는 다른 부락에는 나가지 않는다. 장원례 때의 무리는 대개 지신밟기의 무리와 동일한 사람들이다. 장원례는 지신밟기보다 준비가 필요한 행사이기 때문에, 미리 주인측의 승낙을 받고 준비도 해 두어야 한다. 본래 장원이란 농사 일등이라는 의미로, 마을에서 모종이 제일 좋기 때문에 축하하러 가는 의미이다. 그러나 부락 중에서 한 집에만 가는 것이 아니라, 돈이나 술을 줄 것 같은 대답주의 집에는 몇 집이라도 가는 것이다. 신전부락에는 그런 집은 두 집 있지만, 예전의 대산리 여섯 부락의 110 가호 중에는 그런 집은 열 집 이상은 있다. 그런 집에는 머슴이 대부분 2~3명씩 있다. 대산리는 소작농이 대부분이고, 자작농은 7~8집이다. 다만 최근에는 자작농가

창설 장려금을 빌려서 자작농이 20가호 정도로 되었다.

장원례를 하는 유둣날에는 장원례와는 관계없이 각 농가마다 농신제를 올린다. 농가의 주인(머슴이 있는 집에서는 머슴)이 자신이 경작하는 논에 제물을 가지고 가서 제를 올린다. 제물은 논에 묻는다. 축문도 읽는다. 풍년을 기원하는 것이다.

모둠차례도 두레의 일종이지만 정식 두레는 따로 있다. 그것에는 어른두레와 아동두레의 두 가지가 있다. 모두 신전부락 내에서 조직된다. 양자의 조직은 대체로 같다. 임원으로는 좌상座上 한 명, 공원公貝 한 명, 집사 한 명(때로는 2~3명)이 있다. 공원은 부좌상이다. 조직은 일시적인 것이지만, 한 해 여름은 그대로 계속된다.

두레의 작업은 주로 논매기와 풀베기(퇴비를 위한 산에 풀 채취)의 두 종류다. 전자는 어른두레, 후자는 아동두레로 이루어진다.

두레가 결성되는 것은 대부분 모내기 이후다. 큰 집의 사랑에 부락의 일꾼이 전부 모여 임원을 선정한다. 호선互選한다. 어른조와 아동조는 다른 날 따로따로 결성된다. 아동조 결성 때에는 일 잘하는 일꾼이 돌본다. 결성 때에 음식은 나오지 않는다. 두레 결성에 참가하는 것은 일꾼들이고 대답주는 참가하지 않는다. 일꾼의 자식들은 아동두레에 들어가지만 대답주의 자식들은 들어가지 않는다. 예전부터 그랬지만 지금은 대답주의 양가집 자제는 학교에 가기 때문에 사정은 같다.

두레 결성의 협의 시에 진세進鋤의 의식도 이루어진다. 진세란 아동두레의 소속자가 어른두레의 소속으로 승격하는 일을 공인하는 의례다. 이 공인은 두레 결성을 위한 평의회의 석상에서 의논하여 결정한다. 승격이 결정된 자는 그 답례로 진세턱을 낸다. 진세턱은 예전에는 술 한 말 내지 두 말이었다. 승격한 사람은 그때부터 노동력을 한 사람 분으로서 인정받는다. 승격하는 사람은 체력에 따라 다르지만 17~18세로 능력이 뛰어난 사람이다. 20살이 되어도 어른두레에 들어가지 못하는 사람도 있다. 통례적으로는 20살 정도에 어른두레 가입한다. 어른두레의 일꾼들은 빨리 된 사람과 늦게 된 사람의 차이는 있으나 모두 진세를 치른 사람들이다. 아동두레는 보통 13살부터 18살까지다. 어른두레에 속해 있는 일반 농부는 거의 60살까지 일한다. 예전부터 보통 55~56살까지는 일했다.

아동두레에도 어른두레처럼 임원이 있다. 아동이 임원을 맡는 것이다. 그러나 아이들만으로 해결의 할 수 없는 일은 어른두레의 임원에게 부탁한다. 일반적으로 아동두레의 고문격은 어른두레의 임원급이 맡는다. 아동두레의 작업은 퇴비용의 풀을 채취하는 작업이다. 어른두레의 작업은 주로 논매기다.

아동두레에도 어른두레에도 농악이 있다. 그러나 양자의 농악은 다소 다르다. 아동두레에는 징은 없다. 아동두레의 농악에는 꽹과리와 소고, 어른두레에는 징과 꽹과리 및 북이 있다. 영기 2개 한 벌을 선두로 세우고 곤장을 짊어진 자가 그 뒤를 따라 간다. 곤장은 형기刑器로 나태한 사람 등을 두드리는 봉이다. 곤장에는 형벌이 적혀 있다. 곤장의 뒤를 농악의 일대가 연이어 따라가고, 그 뒤를 두레꾼들이 각자 손에 호미를 들고 행진한다. 두렛날에는 아침에 북 소리로 집합한다. 장소는 사장이다. 사장은 어느 부락에도 있다. 사장은 한자로는 射亭이다. 부락의 일꾼은 물론이고 부락 사람들이 모여서 놀고 휴식하는 곳이다. 부락 집회의 광장이라고도 할 수 있다. 사장은 부락의 공원이기도 하다. 대부분 작은 숲으로 여름에는 시원한 나무 그늘이 있다. 사장에는 수목이 반드시 있으니까 '사장나무'라는 말도 있다.

사장에 집합한 두레꾼들은 씩씩하게 농악을 울리며 용감하게 작업지로 대열을 만들어 행진한다. 작업에 여자는 없다. 점심은 각자 자기 집에 돌아가 먹는다. 아동두레는 그 날 풀베기를 하는 집에서 콩이나 개떡 등을 만들어 점심으로 주는 경우가 많다. 풀은 오늘은 갑의 집을 위해서, 다음날은 을의 집을 위해서와 같이 차례차례로 채취해 와서 그 집에 운반해 준다. 어른두레에는 식사 제공은 없다.

한 여름의 두레가 끝나고 나면 두레의 행락적인 행사는 없다. 장원례는 두레에서 하는 것이 아니다. 두레에는 원칙적으로 부락내의 모든 집이 가입한다. 적격자가 없는 집에서는 아무도 나올 수가 없지만 작업은 두레로 한다. 이러한 경우는 돈을 받는다. 그 돈은 각자 나누어 가지거나 농악의 수선비로 사용하기도 한다. 작업을 게을리 하는 사람은 곤장으로 체벌을 한다. 그러나 임금 계산은 다른 사람과 똑같이 준다. 서로 일한 값은 가능한 노동력으로 갚지만 어쩔 수 없는 경우에는 돈으로 계산한다. 근년에 아동두레는 12~13명이다. 농악은 금속 회수로 공출한 곳도 있을지도

모르지만 신전부락에는 아직 공출하지 않았다.

고지제도는 이 근처에서는 듣지 못했다. 공굴이라는 말도 이 근처에는 없다.

품앗이 ⋯ 품앗이는 모든 농사일에 행해진다. 두레는 단체적인 품앗이라고 할 수 있다. 개인적의 것이 이른바 품앗이다. 농사에는 모두 품앗이가 있다. 지붕이기와 울타리의 수선도 품앗이로 한다. 품앗이는 노동의 교환이지만 교환하는 노동력은 같은 종류의 노동에 한정되지 않고 노동 일수에 따라 교환하기도 한다. 집을 수선할 때에도 품앗이를 하지만 이는 일방적인 품앗이다. 갚을 때는 대부분 다른 종류의 노동으로 갚는다. 품앗이는 현재는 물론이고 예전부터 여자도 나왔다. 남녀의 노동력을 교환하는 경우는 거의 없다. 여자는 여자들끼리 품앗이를 한다. 만약 남녀의 노동력을 교환하는 경우가 있으면 보통 같은 값으로 친다. 소 한 마리의 하루의 노동력은 남자 하루 분의 노동력으로 친다. 품앗이를 하는 것은 역시 친한 사람들끼리다. 품앗이는 임시적인 것으로 영속적인 품앗이는 없는 것 같다. 한 해 동안의 품앗이 작업을 월별로 열거하면 다음과 같다. 음력이다.

1월	퇴비(소거름)를 논으로 운반
2월	땔감하기, 논갈이
3월	논갈이, 논의 손질
4월	못자리, 녹비 채취
5월	모내기, 보리의 수확, 보리의 조제, 여자는 목화밭의 제초
6월	논매기, 녹비 채취(퇴비로 하기 위한 것, 보리의 밑거름)
7월	논매기, 녹비 채취, 해충 구제
8월	땔감하기
9월	보리밭 갈기, 보리 파종
10월	벼의 수확, 조정, 보리 파종
11월	나락의 조제, 운반, 소작료 내기
12월	지붕이기, 울타리 수리

품앗이는 두 명의 경우가 많고 4~5명까지가 가장 많다. 10명 이상의 품앗이는 거의 없다. 대규모로 하는 품앗이는 수확, 탈곡, 조정, 운반, 보리의 파종 등의 작업을 할 때이지만, 이때도 대부분 5~6명이다. 여자들만의 품앗이는 베짜기의 준비작업, 밭농사의 손질, 모내기 등이 있다. 여자의 품앗이는 보통 2~3명이다.

(주) 두레나 품앗이에 대해서는 이미 많이 보고되었지만 모둠차례에 대해서는 아직 보고된 바가 없는 것 같다. 모둠차례에 대해서는 더 많은 사례를 발굴하고 싶지만 신전부락의 예로 보면, 모둠차례는 두레의 원초적 형태가 아닐까라고 생각된다. 두레에 아동조와 어른조가 있는 예는 다른 지역에서도 들었지만, 그것과 진서의 관계를 여기에서 확실히 알게 되었다.

공굴은 여기에는 없다고 하지만 고지요의 관행에 대해 확인하지 않았던 것은 유감이다. 공동 노동 봉사의 관행인 고지요는 조선 농촌의 미풍의 하나다.

(「조선」 353호 소화19(1944)년 10월)

3. 湖南農村調査野帳抜書(원문)[1]

前書

この一文は去る二月下旬、全羅南道宝城郡熊峙面大山里薪田部落に約一週間滞在して、同部落の長老等から聴取した同地における生活慣行に関する話のうち、特に興味のあるもの若干を調査野帳より拾い出したものである。

1_ 자료로 원문을 그대로 옮긴다.

1) 行政的地域団体

　全羅南道宝城郡熊峙面大山里薪田洞は現在十九戸である。大山里という名
称は日韓併合後にできたもので、それ以前にはいまの大山里の地区には別に
社会的統一があったのではない。現在の熊峙面は昔から大体そのまま一つの
面をなしていたが、併合前には長興郡に属していた。現在の熊峙面には左の
六カ里が含まれている。

　　　　一、大山里　　　旧洞里　五
　　　　二、江山里　　　旧洞里　六
　　　　三、竜磐里　　　同　　　五
　　　　四、中山里　　　同　　　二
　　　　五、鳳山里　　　同　　　三
　　　　六、柳山里　　　同　　　六

　右のうち柳山里中の旧洞里一つは併合後宝城邑に属した。その他はそのま
までこの面は昔から一つの面であった。右のうち大山里中の旧洞里五という
のは左記の通りである。戸数は昭和十九年三月現在の数である。

　　　大山里中の旧洞里
　　　一、薪　田　　一九戸
　　　二、臨　水　　三三戸
　　　三、墻　内　　一八戸
　　　四、海　竜　　三三戸
　　　五、卜　興　　一三戸

大山里は部落連盟では現在二区に分かれている。墻内、海竜、卜興の三旧洞里が第一区をなし、薪田、臨水が第二区を形成している。総力連盟ができる前は、大山里は一区をなし五カ部落に分かれていた。この五つの部落はそれぞれ独立した聚落をなしているが、第一区に含まれている三つの部落は比較的接し、そこよりやや離れたところに第二区に含まれている二部落がある。

　併合前は五カ部落におのおの知事任が一人ずついた。知事任は公金を集め公文の伝達などをしていた。知事任の下に小使役の者はいなかった。大きな部落には里丁というものがいて、それが小使役をしていた。しかし熊崎面内の部落には里丁は全然いなかった。併合前の面には二八カ里(部落)が含まれていた。その中の一部落だけが宝城邑に属するようになったのである。

　併合前の面には面の事務所はなかった。いまの面長にあたるものは、尊位といっていた。この面の名は昔から熊崎面といっていた。郡守に対して尊位はみずからを民といい、知事任はみずからを小人といっていた。当時の面といまの面は区域においては一部落を除きまったく同じである。

　面には尊位のほかに別に執綱というのがあった。それには更に両班がなり随分勢力があった。儒生で郷校に関係しているものが執綱になった。面内の司法に類する事も執綱がやっていた。しかし他の両班も勢力があったので部落内に罪を犯す者があれば、自分の家に呼んで罰を与えていた。尊位はたいてい常民級よりなり、ただ伝達や金銭の出納等をつかさどっていたにすぎない。部落の知事任もしかりである。知事任は事実上部落の小使役あった。それで身分あるものは知事任にはならなかった。しかし形式上ではいまの区長のようなものである。

　当時、部落(旧洞里)には部落民の会合のために洞図があるところもあったが、しかし薪田里にはなかった。知事任は、部落内の有力者が選んで定めていた。知事任は、前にいうように有力者はならなかったが、といっても最下級の者もならなかった。部落内の中位のところの者がなっていたようである。

旧洞里(部落)の会合は定期にはなかった。しかし何か事件があればただちに集まっていた。その集合を洞会といっていた。洞会の場所は一定したところではなく、大きな舎廊のあるところで開かれていた。年に少なくも一、二回は必ず集まった。戸税の納入の時には必ず集まっていた。

　現在面内に洞山を持っている部落もあるが、ないところもある。薪田部落には崔某氏の父君が併合後政府の土地測量の時に取り入れたものがいまもあるが、その前には別に厳格な洞山はなかった。併合前には、洞山はあるようなないようなもので、当時は所有権をはっきりは認めていなかった。どこの山の材木でも薪でも自由に伐ってきてよかった。家を建てる時の材木もどこの山から伐って来てもよかったのである。山林の所有権が定まったのは併合後政府の土地測量があってから後の事である。

　松契などは併合後の観念によってできたもののようにも考えられるが、しかし江山里には併合前にも松契があった。この地方の山林は当時左水営(武官の役所で麗水にあった)の管轄で、その役人が知ると山林の木を伐った者は罰された。江山里の松契では、他地方人が伐るのを監視し、また自村内の者が伐れば一篠に三銭ずつ出して契の基本金にしていた。しかし江山里の松契は現在は多くなっている。

　併合後の区長もこの辺では区の小使いのように思われていた。年に手当てとして米一升麦一升を各戸からもらっていた。区長の下に小使役の者はなかった。最近に連盟理事長兼務となってきた新制度によって区長もまったく改まってきた。いまの区長の手当は一年一戸二円というようなところが多い。手当てはどこでもある。配給等の権利があるのでいまの区長は実力を持っている。区長の下に小使役はなくいつも区長が自身でやっている。現在ではたいてい区ごとに会館がある。ない区では広い家を利用している。会館はたいてい農村振興会ができた時に建てられたのである。この辺では面長はたいていその面出身の人である。区長は面長が任命する。各自だけではなく

実質上からも面長が選定するのである。

　振興運動の頃、それまであったいろいろの契を整理して、振興会ができた。それが実行組合となり、さらに現在の連盟になった。大山里が第一区第二区にわかれたのは大正一五年頃、以前の区を一様に二区とした。

> （註）本節は部落の概観を示す意味で冒頭に記すのであった、特に興味のある事項がここにあるわけではない。しかし併合前の面がほとんどそっくりそのままいまの面になっているところは、その後あまり多くはないであろう。全朝鮮の平均では大体にもとの面二つが合体していまの面になっている。しかしそれもその内に含まれる部落数が大体にいまの面は昔の面の約二倍になっているというだけであって、いまの面の地区はもとの面の地区には、ほとんど関係なく区画されている場合が多いようである。もとの面には行政的意味以外にはほとんど何らの社会的統一性も存していなかった場合が多いようであるから、昔の面の地区は無視しても少しも無理はなかったのであろう。

2) 隣保

　薪田部落一九戸の内には、小地名もなく、組分けの名もない。昔は、最近にできつつある貯水池の上の方にも人家があったが、それでも別に小地名はなかった。

　葬式の時の扶助は無条件に部落全戸で行なう。配り物もやれば全戸にやる。鳩山氏の宅では祖父の時には臨水部落にまでも配っていたそうである。極めて簡単な配り物や招待はすぐ隣りの二、三戸または三、四戸の範囲でする事もある。よく考えてみれば、自他共にゆるす近隣数戸の隣睦の圏はあるようである。行き来している関係をよく考えてみると、薪田部落も三組になっているようである。しかし決してはっきりしたものではない。

五家作統の語はいまも残っている。五家作統は二〇年くらい前まで現存していた。いまの役場の戸籍簿にも併合当時の戸籍には、何統何戸と書いてある。併合後行政区域の整理の時に、何統何戸がなくなり、何番地になった。統ごとに統長があった。一統は五戸で余りのものもあった。振興運動の時の実行組合にも五人組を組織した。しかしそれは更生指導部落だけに行なったのである。

　　　（註）　朝鮮の部落は日本の部落より規模において小さい。故に日本の部落には隣保
　　　　　　の社会圏が部落を若干の地区に区分しているが、朝鮮の部落はそれ自体で
　　　　　　一つの隣保の圏を形づくっている。薪田部落にみられるぼんやりとした三
　　　　　　つの隣保の圏は、戦前における日本の大都市郊外住宅地に存していた漠然
　　　　　　とした隣保の関係と同じようなもので、重要な社会的意義は持っていな
　　　　　　い。日本の農村部落における隣保圏は、単なる社会圏ではなく組織ある集
　　　　　　団を形成している。朝鮮でも大きな部落にはもっとはっきりした隣保圏が
　　　　　　みられるが、しかし組織的な集団ではないようである。

3）共同作業組織

　ツレは一昨年(昭和一七年)まで行なったが、去年からは愛国班単位で共同作業班を作ってそれで作業したからツレは行なわなかった。しかし面内には去年もツレでやったところもある。ここでは今年も共同作業班でやる事になるであろう。共同作業班の場合には、区長と班長とが相談して労力の調整をする。そして強制的に行なわしめている。もちろん労賃を払うのであるが、それは公正の賃銀である。田植にも除草にも共同作業を行なったが、特に共同作業で力を入れたのは田植と刈入れである。ツレの強制化合理化したものが共同作業だと考えてもよい。男も女も一四、五歳以上のものは共同作業に出ている。

古来よりの慣行的共同労働組織は、ツレとプマシとモードウムチャレである。このうち規模の最も大きいのはモードウムチャレ、次がツレ、次がプマシである。ツレは薪田洞(一九戸)が一組になる場合もあり、三組になる場合もある。たいていは三組になる。部落の長者が組を編成するのである。各戸で牛を持っているから、牛を中心として組分けができるのである。もちろん親睦の関係も加味されている。プマシは二、三人で組む場合も多いので規模は小さい。モードウムチャレは薪田部落一九戸全員加入が原則である。モードウムチャレのモードウムは諸の意、チャレはツレの意、大ツレと解し得る。チャレは本来は次々という意である。

　モードウムチャレは、部落総出であるが、部落以上に大なる範囲となる事はない。他部落と合同して共同作業を行なう場合も稀にあるが、それはモードウムチャレとは別である。モードウムチャレは主として田植の作業、除草の時はツレが原則的である。モードウムチャレは恐らく田植だけである。薪田部落一九戸は一愛国班となっているから去年の共同作業は形式的にいえば、モードウムチャレに近い。

　モードウムチャレにもクンムル(軍物すなわち楽隊)が参加する。ツレは労力で返すのに対して、モードウムチャレは賃銀で返すという事にも両者の大きな相異がある。しかしそれは結果においてそうなる事であって、両者の根本的な相異は、ツレは相互援助の組織であるのに対して、モードウムチャレは一方的援助の組織であるいう点にある。すなわちツレは部落民がその組統耕地を誰彼の別なく順々に一隊となって、作業していき、結局たがいに援助し援助される形式であるが、これに対して、モードウムチャレは部落内の大経営者の耕地を部落民が総出で作業し、その報酬として大経営者から部落民が賃銀を授けられるのである。

　モードウムチャレの実行は、部落民の協議によって決定される。みずから発企者になる者はある。しかしモードウムチャレを実施してもらいたい人が

いい出すのが普通である。つまり大経営者が申し出るのである。田植の時期にまだ田植が終わっていない広い水田があれば、自分から誰かいい出して部落総出の仕事として作業する事になることもある。部落内おける大経営者の立場や相互の感情などによって、大経営者と部落民等との関係は、一様ではなく微妙な関係もあるであろうが、しかしモードウムチャレとして実行する場合は部落民の総出であり、そのために部落の公的な仕事と事実上混合されているもののようである。モードウムチャレを受けるものは、部落総出の作業を受けるほど大きな耕地を持ったものであり、それに対して賃銀を支払う力のあるものであるから、大農家崔氏宅および金某氏宅のために行なわれた。

モードウムチャレに参加不参加は建て前としては自由であるが、作業ができて出ない者はない。モードウムチャレには別に役員はない。指揮は作業を受ける家の主人が行なう。別にソリソリ(音頭取り)が一人いて太鼓を叩きながら音頭をとる。それにみなが和唱して非常に愉快に作業する。モードウムチャレには、ツレにおけるように、令旗(「令」または「司令」と書いた旗)は用いない。クンムルには太鼓だけである。編隊して行進する事もしない。

食事は作業を受けた家から出す。酒も出す。以前は随分厚く給与したものである。去年崔氏、金氏でやったときにも、食事を出して酒も出した。去年崔氏の耕地でモードウムチャレに参加したものは二四、五名いた。各戸平均一人以上である。作業は一日限りである。去年もソリソリも出た。田植の作業の時である。作業面積は一町歩程度であった。金氏宅の耕地もその程度である。朝は八時か九時頃から始め、中食に一時間半休息、終わるのは六時頃であった。作付の面積は厳格に予定してあるのではない。余った時はそのままにして、その分は後で自家のモスムが行なうのである。従来は夕食も出したが、去年だけは米が充分でないから出さなかった。以前は間食にピピンパ(マゼ飯)や酒も出した。間食は午前一回、午後一回である。夕食を出した時は田主の家で食わせていた。中食や間食は耕地の現場で食わせていた。この一〇年

来は女も出るようになった。その前は男だけであった。食事の時は労働する者の家族の者も来るのが常である。

　村の人達によってモードウムチャレは楽しみであるようである。田の中で踊ったり歌ったりするので、苗を植えるのは第二の事に考えられている。モードウムチャレは昔から毎年行なわれて来た。モードウムチャレは薪田部落だけの慣行ではなく、他部落においても同様の事はある。

　薪田部落におけるツレは牛によって三組に編成されるのが一般である。牛によって一部落のツレが幾組かに分れるのはこの辺の部落では普通である。作業は田植、除草が主である。除草は四回、ツレは少なくとも三回までは持続する。四回目の除草は年によって行なうこともあり、行なわない事もある。ツレにおいては賃銀は出さないのが原則である。ツレは労力で返すのが建て前である。提供した労働量に差が生じた場合は、たいてい労力で返し、よほどの時に金で返す。牛を中心とした編成は田植の際の事である。田植のツレはそれだけで終わる。引継いて除草作業を同じ組織で行なうような事はない。田植がすめば一応解散である。

　除草のツレからはクンムリを用いる。隊伍などあまり組まない。中食は田主が出す。以前は夕食も酒も出したが最近では中食だけ出している。田植の時は中食は田で夕食は田主宅で出し、除草の時は田主宅で全部出すのが普通である。作業中にクンムリは行なわぬ。

　薪田部落のツレは三組となり、一組が一〇人以内である。除草後に洗鋤遊のような慰労宴はない。田植の後にツレの組の者が、スーレシチムを行なうのが例である。また各戸でも行う。スーレシチムとは、鋤洗いというような意である。スーレとは牛にひかせる農具で、上のような形をしているものである。スーレシチムは主として家庭内で行なうもので、御馳走を作り酒を飲んでみずから慰労する家庭的な宴である。

　除草後他地方では主としてツレの慰労宴として集団的なホミシセがある

が、それはここではなく、それに相当するものとしてチャーオンヱ(壮元礼)がある。ホミシセとは農民の民衆的行事であるが、壮元礼は大地主が中心となった農耕的行事である。薪田部落において、民衆的なツレと大地主のために行なうモードウムチャレの慣行とを思い合わせて、薪田部落における壮元礼は興味あるものである。

　流頭の日(旧六月一五日)または七夕の日(旧七月七日)に部落内の大田主が二家あれば、その一家が流頭の日にやれば他の一家は七夕の日に行なう。流頭の日に各自、家の庭で行なうこともある。部落の農民はその時飲み、食い、踊り、唱い、歓楽の一日を過ごす。壮元礼(チャーオンヱ)とそれをいっている。

　チャーオンヱの日には、部落の入口にトクソクキ(蓆の旗)を立てる。トクソクキには神農氏の絵が描いてある。九尺四寸もある大旗である。この旗は部落内のいずれかの家に保管しつつあるのが例であったが、薪田部落のトクソクキはいま大山里(新洞里)の共同のサゲチブ(喪輿小屋)に預けている。このサゲチブは、以前は第一区にあったがいまは第二区にある。流頭の日にトクソクキを立てるのは名節を祝賀するためだとも考えられるが、他にも理由はあるであろう。

　この日に大田主の家のクンモスム(雇人頭)を村の人々がサージャン(農耕者の共同休息所、会合所になる小公園のような林地)で盛装させた牛に乗せる。クンモスムは逆の方角に向いて牛に乗る。牛は木綿で盛装されている。そのモスムは花の帽子を冠り、顔は墨で異様に変装されている。何人かの村のモスム達が牛に乗ってクンモスムの後から続いていく。そして大勢の村の衆、恐らく部落の人総出でこの一行についてクンモスムを擁護しながらオージャンソリという歌を唄いながらその主家に送り込むのである。主家に入ると、その家の内庭に入り家屋を一廻りする。それが終わると、主人が内庭で出迎えて、御苦労を謝し金や木綿の反物や手拭等を贈る。そして酒肴が内庭に運ばれる。一同は飲み、食い、歌い、踊り、歓楽をつくす。チャーオンヱに参加す

るのはみな男である。チャーオンエは古くから行なわれ、いまも毎年行なわれている。

　チャーオンエは古くからの慣行であるが、モスム達が一杯飲みたいからあえてこれを行なう傾向もある由とのことである。

　チャーオンエを行なう家は、モードウムチャレを行なう家である。薪田部落一九戸には、イルクム(農耕者)ではない家は三戸ある。その三戸のうち崔氏と金氏は地主で、モスム(被雇人)がある家の耕地の幾分かを経営している。他の一戸は奉氏で読経者(覡とも異なる一種の呪術者)である。この部落には代々世襲的に雇われているモスムはいない。多くは年雇いであるが、チョルモスム(一時雇い)もいる。イルクムは農耕者の意で、その内には自作、自小作、小作が含まれている。モードウムチャレやツレに参加するのは、みなイルクムである。しかし部落民といえば、前記の三人をのぞきすべてイルクムである。故にイルクム達の行事は結局部落の行事となる。しかし壮元礼を行なうのは、主として部落内のモスムの連中である。部落内の中流以上の者は参加しない。チャーオンエに参加する連中は正月に「庭踏み」をして廻る連中である。「庭踏み」とはモスムや貧家の者が申し合わせて一隊を組織して、主として裕福な家を廻って厄払いの呪術を行なって金や酒をもらって廻る行事である。すなわち正月元日以後、この連中の一隊がクンムルをならしながら、酒など出しそうな家に行き、その家の中庭で太鼓や鐘をならし踊り狂うのである。年の初めに悪神を追い払うためである。鐘をたたくと鬼神が出ると信じられている。ゆえにクンムル(軍物)の事をメークイ(埋鬼)ともいう。今年の正月には庭踏みの一隊は一〇人以上もあった。この一隊も他部落には出かけない。壮元礼の時の連中は大体地神踏みの連中と同一の人々である。壮元礼は地神踏みより入念な行事であるから、前もって主人側の承諾を得、準備もしておいてもらわなければならぬ。本来壮元とは農作第一等という意味で、村中で苗の出来が一番よいからお祝いに行く意味である。しかし部落中で一戸だけに行く

のではなく、金や酒を出しそうな大田主の家に何戸でも行くのである。薪田部落にはそんな家は二戸であるが、大山里六部落(旧洞里)一一〇戸の内にはそんな家は一〇戸以上はある。そんな家にはモスムがたいてい二、三人ずついる。大山里は小作農が大部分、自作農は七、八戸である。ただし最近は自作農家創設奨励金を借りて二〇戸ばかりになっている。

チャーオンエが行われる流頭の日には、チャーオンエとは関係なく各農家ごとに農神祭を行なう。すなわち農家の主人(モスムのいる家ではモスム)が祭物をもって行って自分の作っている水田で祀る。祭物はそこで埋める。祝文もよむ事になっている。豊作を祈るのである。

モードウムチャレもツレの一種であるが、もっとも正式なツレが別にある。それには、大人ツレ(ウールンツレ)と小人ツレ(アードンツレ)の二種がある。いずれも薪田部落内で組織される。両者の組織はだいたいに一様である。役員として座上(チャーサン)一人、公員一人、執事一人(時には二、三人)がいる。公員は副座上である。組織は一時的なものであるが、一夏はそのままにつづく。

ツレの作業は田の除草と草刈(堆肥のための山草採り)の二種が主である。前者は大人ツレで行ない、後者は小人ツレで行なう。

ツレが結成されるのはたいてい田植後である。大きな家の舎廊に部落のイルクムが全部集まり、役員を選定する。互選である。日を異にして大人組、小人組は別々に結成される。小人組の結成の時にはイルクムのしっかりした者が世話をする。結成の時に飲食などは何もない。ツレの結成に参加するのはイルクムで、不労の大田主は参加しない。イルクムの子弟は小人ツレに入るが、大田主の子弟はしからず。昔からそうであるが、いまは大田主の家の子弟は学校に行くから事情は同じである。

ツレの結成の協議時にチンセ(進鋤)の儀も行なう。チンセとは、小人ツレの所属のものが大人ツレの所属に昇格する事を公認する儀礼である。この公認はツレ結成のための評議会の席上で評議して決定される。昇格がいよいよ決

定すると本人はそのお礼にチンセタクを出す。チンセタクは以前なら酒一斗ないし二斗であった。昇格した者はそれから労働力が一人前として認められる。昇格する者は体力にもよるが、一七、八歳で能力優れた者である。二〇歳になっても大人ツレに属していない者もいる。通例は二〇歳位で大人ツレ加入する事になる。大人ツレのイルクムはすべてチンセを経たもので、早い者と遅い者の別があるだけである。小人ツレは一三、四歳より一七、八歳ぐらいまでが普通である。大人ツレに所属している一般の農夫は六〇歳近くまで働く。昔から普通五五、六歳までは働いた。

　小人ツレにも大人ツレと同様な役員がいる。小人が役にもついているのである。しかし子供等で解決のできぬ事は大人ツレの役員にはかる事になっている。一般に小人ツレの顧問格は大人ツレの役員級のものである。小人ツレの作業は堆肥用の山草を採取する作業である。大人ツレの作業は田の除草が主である。

　小人ツレにも大人ツレにもクンムルがついている。しかし、両者のクンムルは多少ことなっている。鐘の大なるものは小人ツレには用いさせぬ。小人ツレのクンムルは小鐘と小鼓、大人ツレのそれは、大鐘、小鐘および太鼓である。令旗二本一対を先頭にし、棍杖(コンジャン)をかついだものがその後について行く。棍杖は刑器で怠惰な者などを叩く棒である。棍杖には刑罰が書いてある。棍杖のあとからクンムルの一隊がつづき、その後に一般のツレ軍が各自ホミを手に持ってつづいて行進する。ツレが行われる日には朝太鼓の音によって集合する。場所はサージャンである。サージャンはいずれの部落にもある。サージャンは漢字では射亭と書く。部落のイルクムはもちろん、一般に部落の人々が集まって遊び、休息するところである。部落の集会の広場であるともいえる。サージャンは部落の公園ともいえる。たいてい小さな林になって、夏は涼しい木陰がある。サージャンに樹木はつきものであるから、サージャンの木(サージャンナム)という言葉もある。

　サージャンで集合したツレ軍はそこからクンムルの奏楽勇ましく作業地に

隊列を作って行進する。作業中には女はいない。中食は各自自宅に帰って食う。小人ツレ場合には、その日は山草を採取して来てもらう家が豆や糠餅等を作って中食として給与する事が多い。山草は今日は甲の家のために、翌日は乙の家のためにと、次々に採取して来てその家に運んでやる。大人ツレには食事の給与は何もない。

　一夏のツレが完了したあとで、行楽的な行事はツレとしては何もない。壮元礼はツレとして行なうのではない。ツレには原則的に部落内の各戸から加入する。適格者がいない家からは誰も出る事ができないが、作業はツレでやってやる。そのために賃銀をとる。その賃銀は各自に分けてやる場合もあり、クンムルの修繕費に使う場合もある。作業を怠ける者は棍杖で体罰を加える事になっている。しかし賃銀勘定は人並みにする。相互の勘定はできるだけ労力で返す事になっている。どうしてもできぬ場合には金で勘定する。近年における小人ツレは一二、三人である。クンムルは金属回収で供出しているところもあるかも知れぬが、薪田部落ではまだ供出していない。

　雇只制度はこの辺では**聞いた事がない。**コングルという**言葉も**このあたりにはない。

　プマシ —— プマシはすべての種類の農耕作業に行なわれる。ツレは団体的なプマシという事ができる。個人的のものがいわゆるプマシである。農事にはすべてプマシがある。屋根葺きや垣根の修繕もプマシで営まれる。プマシは労力の交換であるが、交換される労力は同一種類の労務とは限らぬ。労働日数によって交換されるという事ができる。家の修繕の時にもプマシが組まれるが、それは一方的なプマシであって返報する労務はまったく別の作業である場合が一般である。プマシには昔から女も出ていた。現在は無論である。男女の労力を交換する場合はほとんどない。女は女達だけのプマシである。もし男女の労力を交換する場合があれば、等価として認めるのが普通であろう。牛一頭一日の労力は男一日分の労力とみている。プマシを組むのはやはり親し

い者の間である。プマシはまったくその場的なもので永続的なプマシはない
ようである。一年間におけるプマシによる作業を月間に列挙すれば、次の通
りである。旧暦による。

一月	堆肥(厩肥)を水田まで運搬
二月	薪取り、田鋤き
三月	田鋤き、水田の手入れ
四月	苗代、緑肥採取
五月	田植、麦の収穫、麦の調製、女は棉畑の除草
六月	水田除草、緑肥採取(堆肥にするためのもの、麦の下肥のため)
七月	除草、緑肥採取、害虫駆除
八月	薪取り
九月	麦畑の整地、麦の播種
一〇月	稲の刈入、調整、麦の播種
一一月	籾の調製、運搬、小作料内
一二月	屋根葺、垣根の修理

　プマシを組む人数は二人の場合が多い。四、五人までの間が最も多い。一
〇人以上のプマシはあまりない。一番大規模で行なうプマシは、収穫、脱穀、
調整、運搬、麦の播種等の作業の時であるが、それも五、六人の場合が多い。
女だけのプマシには機織の準備作業、畑作の手入れ、田植等がある。女のプ
マシは二、三人で組む少人数の場合が常である。

　　(註)　ツレやプマシについてはすでに多くの報告がおおやけにされているが、モー
　　　　ドウムチャレについてはまだ書かれているものはないようである。モードウ
　　　　ムチャレについてはもっと多くの事例を知りたいと思っているが、薪田部落

における例によって考えれば、モードウムチャレがツレの原初的形態ではないかと考えられるようである。

ツレに小人組と大人組がある例は他の土地でも聞いたが、それとチンセの関係はここでははっきり知る事ができた。

コングルはここにはないという事であったが、コジヨの慣行について確かめなかったのは残念である。共同労働奉仕の慣行としてのコジヨは、朝鮮農村における美風の一つである。

（「朝鮮」三五三号　昭和一九年一〇月）

제4부

제1장 붓들과 못들
제2장 붓문서와 못문서
제3장 붓조직과 못조직
제4장 마무리

의성 사람들의 들조직

- 사촌마을과 그 주변의 못문서를 중심으로-

경상북도 의성군 점곡면 사촌3리에는
'들조직'이 있었다.
환경지리적으로 '한건한' 사촌마을에서
살아온 사람들이
전통사회에서 농업을 이루기 위해
결성한 조직이 들조직이다.

소백산맥의 동쪽에 위치한 영남지역은 비그늘 지역으로 과우지역寡雨地域이 많다. 습한 구름이 산맥을 넘으면서 산맥의 서쪽에 비를 내리기 때문에 산맥의 동쪽은 강우량이 적은 비그늘 지역이 된다.

사촌마을은 행정구역상으로는 경상북도 의성군 점곡면 사촌3리다. 경상북도는 동쪽의 태백산맥과 서쪽에 소백산맥의 사이에 있는 내륙지역이다. 경상북도 중앙에 위치하고 있는 의성군은 지형적으로 비그늘 지역으로 연평균 강수량 1,000mm 이하의 과우지역이다.

이 지역은 예로부터 강우량이 적어 "한건旱乾하다"고 표현되어 왔다.

한건한 지역의 농경지에서 농사를 짓기 위해서는 농업용수의 확보가 타 지역보다 절실한 문제다. 특히 벼농사에 있어서 모심기시기에 물이 부족하면 모내기를 할 수 없다. 한건한 지역에 살고 있는 사촌마을 사람들은 수리시설의 형태에 따라 농경지를 구분한다. 하천에 둑을 쌓아 관개용수를 이용하는 시설인 보湺를 이용하는 논은 '봇논'이고 이러한 논이 있는 농경지대를 '봇들'이라 부른다.

저수지를 축조하여 관개용수로 이용하는 논은 '못논'이고 이러한 논이 있는 농경지대는 '못들'이라고 한다. 그리고 저수지나 보의 수리시설에 의하지 않고 오로지 빗물에 의지하는 논을 이 지역에서는 '천봉답天奉畓'이라고 한다. 하늘만 쳐다보고 비가 오기를 바란다는 뜻이다.

제1장

봇들과 못들

　사촌마을 사람들은 마을 주변에 있는 점곡면의 들에서 농사를 지어왔다. 사촌마을 주변의 봇들과 못들의 들조직을 통해서 영남지역 들조직의 일면을 살펴보고자 한다.

　사촌마을 주변에 있는 점곡면의 들(농경지대)은 토질과 수리시설이 다르다. 점곡면 사촌2리의 홍수석씨(1931년생, 남)와 사촌3리의 김천수씨(1926년생, 남)에 의하면 사촌마을 주변의 주된 들은 다음과 같다.

▼ 새들 - 사촌마을에서 가장 가까운 곳에 있는 봇들로 한건하여 벼농사가 어려웠다. 미천眉川을 봇물로 이용하는 봇들이다.

▼ 비신앞들 - 새들 서쪽에 있으나 지대가 낮아서 새들보다 물대기가 편했다. 새들과 같이 미천을 이용하는 봇들이다. 비각碑閣이 있어서 '비석앞들'이라 불렸는데 '비신앞들'이라 변음 되었다.

▼ 마들 - 사촌마을의 서쪽에 있다. 미천眉川을 봇물로 이용하는 봇들이다.

▼ 아릿들 - 사촌마을의 남쪽에 위치하고 새들보다는 관개환경이 좋다. 옥곡천을 이용한 봇들이다.

▼ 샛들 - 아릿들보다 지질地質이 좋고 관개환경이 좋다. 옥곡천을 이용한 봇들이다.

▼ 갈매들 - 못이 있어서 관개환경이 좋다. 원래 갈마葛馬들인데 갈매들로 부른다.

▼명고리 못들-두 개의 못을 관개용수로 이용하는 못들이다.

▼윤암리 못들-큰골못大谷池을 이용하는 못들이다.

▼구암리 못들-신현지新峴池를 이용하는 못들이다.

새들, 비신앞들, 마들은 미천眉川을 이용하는 봇들이다. 미천은 사촌마을 앞을 동쪽에서 서쪽으로 가로질러 흐른다〈도 1〉. 샛들, 아릿들이 관개용수로 이용하는 옥곡천은 사촌마을 남쪽으로 흐르는 하천이다〈도 2〉. 사촌마을 사람들은 아릿들에서도 많이 농사를 지었고 아릿들의 봇도감도 사촌마을 사람이었다.

이러한 점곡면의 들을 지도상에 나타내었다〈도 3〉. 들의 위치는 사촌마을의 김창회씨(1935년생, 남)의 가르침을 받았다.

〈도 1〉 사촌마을 앞의 미천지도   〈도 2〉 사촌마을의 옥곡천과 미천의 지도

제2장

봇문서와 못문서

봇도랑을 치거나 보의 역사役事를 할때는 봇도감이 문서(이하 '봇문서'라고 함)를 가지고 나와서 출결出缺을 확인했다. 이를 "궐闕 매긴다"고 하였다. '궐闕'이란 "마땅히 해야 할 일을 빠뜨리다"라는 의미다. 봇문서는 봇도감이 보관하고 관리하였다. 그러나 사촌마을 주변의 봇조직의 문서는 찾을 수가 없었다. 못조직은 현재 남아있는 곳이 있으나 봇조직은 수리조합에 흡수되어 사라진지 오래되었고 봇문서도 남아있지 않았다.

점곡면에서는 윤암리의 대곡지大谷池와 구암리의 신현지新峴池를 이용하는 못조직이 현존하고 못문서도 남아있었다. 이 두 곳에 못문서를 고찰해보고자 한다〈도 1, 도 2〉.

1. 몽리기蒙利記

다음은 윤암리와 구암리의 못문서 표지다.

〈도 1〉의 표지에 대곡제몽리평수기大谷堤蒙利坪數記라고 적혀있다. 大谷堤는 '큰골못'을 한자로 표기한 것이다. 몽리蒙利는 '못貯水池이나 보洑와 같은 수리시설의 물을 이용하는 것'을 뜻한다. 봇들과 못들에서 농사를 짓는 사람을 '몽리자'라고도 한다.

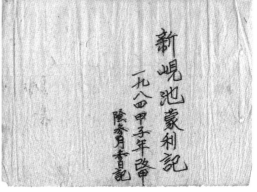

〈도 1〉 윤암리의 못문서의 표지
〈도 2〉 구암리의 못문서의 표지

　그리고 봇들과 못들의 농경지의 넓이를 '몽리면적'이라고 한다. 〈도 1〉의 표지에 기재되어 있는 기축己丑년은 1949년이다. 윤암리와 구암리의 못문서 표지에 날짜가 3월로 적혀있다. 매년 음력 3월에 몽리자들이 모임을 갖고 못을 보수하는 일을 했다. 구암리에서는 이 모임을 '못공회'라고 불렀다. 음력 3월은 양력으로는 4월이고, 청명淸明(양력 4월 5일경)은 농사일을 시작하는 시기다. 이때부터 못의 보수를 하고 못물을 저수하여 하지夏至(양력 6월 21일경) 무렵의 모내기에 대비하였다.

　다음은 윤암리의 1949년 몽리기의 내용이다.

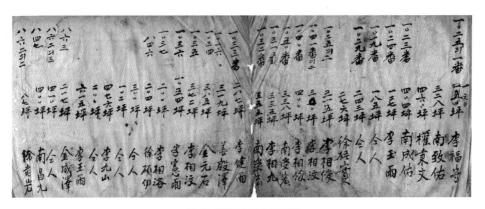

〈도 3〉 1949년 윤암리의 몽리기

여기에는 몽리면적의 지번地番과 평수坪數, 몽리자명이 기재되어 있다. 윤암리 못 문서의 1937년의 기록을 보면 다음과 같다.

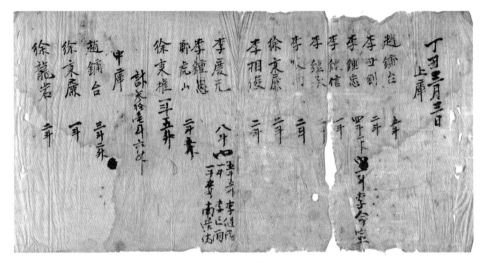

〈도 4〉 1937년 윤암리의 몽리기-①

〈도 5〉 1937년 윤암리의 몽리기-②

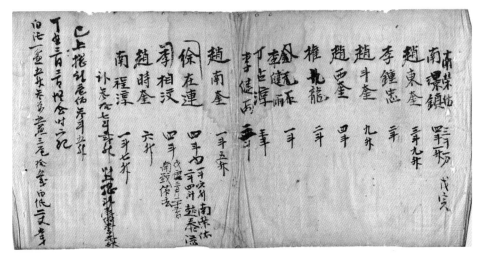

〈도 6〉 1937년 윤암리의 몽리기-③

〈도 4, 5, 6〉의 정축丁丑(1937)년의 못문서에는 논을 상고上庫, 중고中庫, 하고下庫로
분류하여 몽리자蒙利者의 이름과 몽리면적이 기재되어 있다. 몽리면적은 1949년의
못문서에는 평수坪數로 기재되어 있으나, 1937년에는 두락斗落으로 기재되어 있다.
두락斗落은 '한 말一斗의 씨를 뿌릴 수 있는 면적'인데 보통 '마지기'라고 한다. 지역
마다 차이가 있으나 이 지역에서는 논 한 마지기는 200평이다.

윤암리 못들의 상고 몽리자 수는 11명으로 몽리면적은 31.6마지기다. 중고 몽리
자 수는 17명이고, 몽리면적은 34.7마지기다. 하고의 몽리자는 15명, 몽리면적은
37.2마지기다. 〈도 6〉에 상·중·하고의 몽리면적의 총계는 103.5두락이라고 기재되
어 있다. 평수로는 20,700평이다.

다음은 1937년 3월 3일 윤암리 큰골못의 회의기록을 고찰해 보자.[1] 이하 인용
못문서는 정서正書를 같이 기재하였다.

1_ 이하 못문서 기재 시에 내용에 지장 없는 개인명은 기본적으로는 생략하였다. 진한 글씨체는 이해를 돕기 위하여 필자
가 표시한 것이다. 못문서에는 일본 한자도 사용되고 있다. 본문 기록 시에 원문의 일본한자는 그대로 기재하였다.

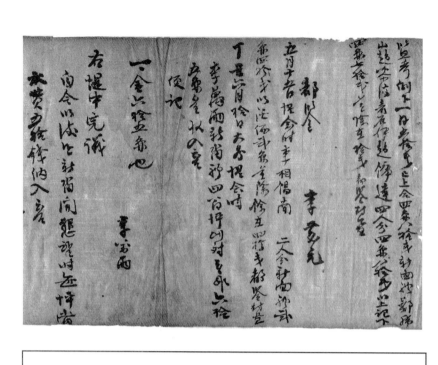

丁丑三月三日堤会時二記
白酒一筒五升参圓北魚三尾拾五錢白紙二丈五錢

監考例下一円五錢已上合四圓八拾錢新面禮鄭○
○趙○○表○○四人分四圓八拾錢以上記下
四圓七拾錢을除한拾錢都監封置

都監　李○○

五月十五日堤会時李萬雨　二人分新面禮弌
圓四拾錢白酒弍圓을除錢한四拾錢都監封置

丁丑二月拾日大谷堤会時
李萬雨新畓禮四百坪에対하야六拾
五圓을収入함

便記

一、金六拾五圓也
　　　　　　　　　　李萬雨

右堤中完議
自今以後는新畓開墾할時每坪當
水貰五拾錢納入함

〈도 7〉 1937년 윤암리의 회의기록

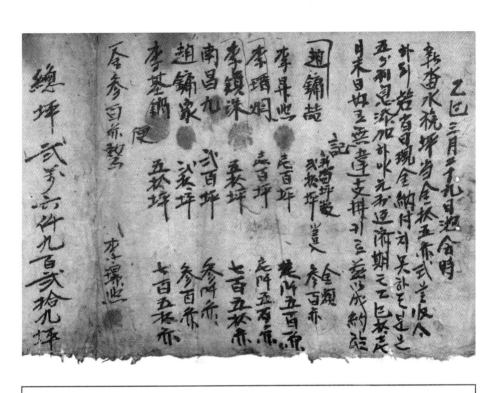

乙巳三月二十九日池会時

新畓水税坪当金拾五圓式을収合

하되 若当日現金納付치못하는분은

五分利息添加하야 元利返済期는 乙巳拾壹

月末日内로無違支拂키로玆에成約함

　　記

新畓坪数　　金額

趙〇〇　　弐拾坪　当日入　参百圓

李昇熙　　壱百坪　　壱阡五百圓

李〇〇　　壱百坪　　壱阡五百圓

李〇〇　　五拾坪　　七百五拾圓

南〇〇　　弐百坪　　参阡圓

趙〇〇　　弐拾坪　　参百圓

李〇〇　　五拾坪　　七百五拾圓

　　　　便

一金参百圓整

總坪　弐萬六阡九百弐拾九坪　李昇熙

〈도 8〉 1965년 신답수세 결정 기록

못회의를 기록한 제회시기堤會時記에는 못조직의 회계내용을 기입하고 있다. 지출내역에는 막걸리, 북어, 백지, 감고 사례비가 4원 70전이고, 수입금으로는 '신면례新面禮' 4사람 분으로 4원 80전이다. 신면례돈은 한 사람이 1원 20전이고, 5월 15일의 제회시에도 2명의 신면례가 있다. 수입에서 지출을 제한 잔금 10전은 감고가 봉치封置하였다.

2월 10일의 회의 때에는 이만우씨의 '신답례新畓禮'로 65원이 수입되었다. 신답례는 신답을 개간한 사람이 못조직에 지불하는 물값水稅이다. 이씨는 이 돈을 못조직에서 빌려서 지불하였다. '변기便記'는 못조직의 자금을 빌려주고 원금과 이자를 기재하는 대출장부와 같은 것이다. 다음은 신답에 관한 기록을 살펴보자.

〈도 8〉은 을사乙巳(1965)년 3월 29일의 못회의 때에 신답수세新畓水稅에 대해 결정한 내용이다. 평당 15원을 수금하는데, 회의 당일에 현금으로 지불하지 못하는 경우는 5부 이자를 붙여서 11월 말일까지 갚으라는 것이다. 전게前揭한 1937년의 못문서에는 "지금

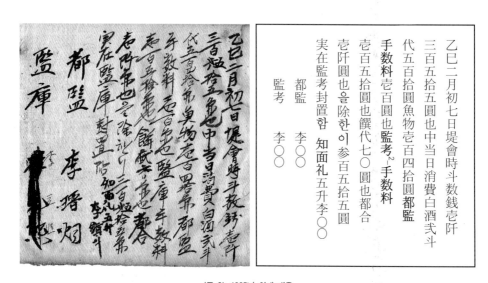

〈도 9〉 1965년 회계 내용

2_ 못문서에는 감고의 한자를 監考와 監庫를 사용하고 있으나, 본 책에서는 監考로 통일하였다.

이후는 신답 개간할 시 매 평당 수세 50전 납입함(自今以後는 新畓開墾할時 每坪當水貰五拾錢 納入함)"이라고 기재되어 있다. 이 기록에 의하면 이때부터 신답을 개간하였을 때에 물 값水貰으로 평당 50전을 납부할 것을 정한 것이다. 신답이란 밭을 논으로 만들거나 새 로 개간한 농경지다. 참고로 같은 해인 1965년의 회계내용을 살펴보자.

1965년에는 도감수수료가 백 원, 감고수수료가 백오십 원이다. 이와 비교하면 신답수 세가 적은 금액은 아니다. 이해에 신답 20평을 마련한 조씨는 물값水稅이 300원이었다.

2. 신면례新面禮

신면례는 못문서에 '지면례知面禮'라고도 기재되어 있다. 다음은 윤암리의 못문서다.

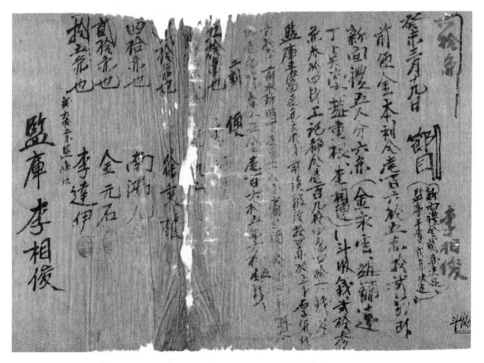

〈도 10-1〉 1943년 윤암리의 못문서의 신면례

계미癸未(1943)년 3월 19일의 절목節目에는 신면례금과 감고수당을 각각 2원으로 결정한다고 기재되어 있다〈도 10-1, 10-2〉. 경인庚寅(1950)년 3월 7일의 절목에는 감고수당은 감고수수료로 기재되어 있고, 이때부터 지면례금을 탁주 5되로 결정(自今以後知面禮　濁酒五升決定)했다〈도 11〉. 그리고 여기에 하지고사시夏至告祀時의 지출내역이 나온다. 하지고사에 대해서는 나중에 알아보기로 하자.

윤암리 못문서 중, 1938년에 지면례라는 기재가 있고, 1943년에 신면례라고 적혀있는 것을 보면 양쪽을 병용하였던 것 같다. 지면례는 논을 샀거나 부모에게 물려받았을 때, 못조직에 신고식을 하는 것이다. 신면례 또는 지면례의 말 그대로 새 얼굴을 알리기 위해서 인사를 하는 관행이다. 그러나 점곡면에 살고 계시는 현재 80세 이상의 어르신들은 지면례라는 말은 모른다. 지금은 '들례入禮'라고 한다. 들례에는 '반들례'도 있다. 분가하여 살림을 따로 났을 때 하는 인사를 반들례라고 한다. 다음 윤암리의 못문서에 들례가 기재되어 있다.

1983년에는 두 사람이 들례를 하였는데 각각 막걸리 5되 값을 지불하였다〈도 12〉. 못문서에는 들례가 변음 되어 둘례로 기재되어 있다.

癸未三月十九日　節目
前便金本利金壹百六拾五圓拾貳錢과
新面禮五人分六圓(○○○‥‥
○○○‥‥○○○) 斗收錢貳拾參
圓參拾四錢上記都合壹百九拾四圓四拾六錢內
監考手當壹圓五拾錢前債報錢拾四圓拾五錢厚紙代
이하 생략
監考　李相俊

〈도 10-2〉 1943년 윤암리의 못문서의 신면례

節目自今以後知面禮濁酒五升決定
庚寅三月初七日堤會時斗數錢參阡九
百圓知面禮(○○○‧‧‧○○○)
三人分二千二百五拾圓繰越金五百八圓三
合六阡六百五拾八圓以當日酒下及饌
價四阡百圓已丑年夏至告祀時參百五
拾圓用壹阡圓監考手数料已上用合
五阡四百五拾圓報実餘錢壹阡弍百八
圓監考保管金弍百八拾圓夏至告祀時用

庚寅三月七日

監考　李九山

〈도 11〉 1950년 윤암리의 못문서의 지면례

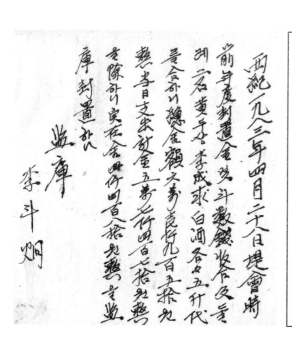

西紀一九八三年四月二十八日堤會時
前年度封置金및斗數錢收合及둘
례二名黃○○李○○白酒各々五升代
를合하니總金額六萬壱阡九百五拾圓
整当日支出計金五萬七阡四百七拾圓整
을除하니実在金四阡四百八拾원整을監
考封置함

監考
李○○

〈도 12〉 1983년 윤암리 못문서의 들례

3. 도감과 감고

도감과 감고에 대해서 살펴보자. 다음은 신현지의 못도감에 관한 기록이다.

〈도 13〉은 갑오甲午(1954)년 3월 1일의 기록이다. 여기에 "도감립 및 세찬조 2백환야都
監笠及歲饌条 弐百圜也"라는 지출내역이 있다. 못문서에 의하면 해마다 도감에게 갓笠(또는 죽
립竹笠으로 기재)을 사주고 세찬歲饌을 마련해 주었다. 1951년에는 "도감부조 20원야都監扶助
弐十円也"라는 기록도 있다. 죽립은 대오리로 만든 삿갓이다. 농사일을 할때 우장雨裝으로
사용하기도 한다. 비 오는 날은 도롱이를 입고 삿갓을 쓰고 들에 나가 일을 했다. 도감은
예전에는 무보수였다. 도감에게 세찬과 삿갓을 마련해주는 것은 도감에 대한 예우禮遇였
다. 1950년대 중반부터 도감과 감고에게 수당을 지불하게 되는데 실무를 당담하는 감고
에게 도감보다 2배정도의 금액을 지불하였다. 이것은 윤암리와 구암리의 못문서에 공통
적으로 나타난다. 1950년대 이전까지는 도감과 감고의 수고에 대해 두수전斗數錢을 일부
삭감해 주었다. 두수전이란 들조직의 구성원들이 지불하는 물값이다. 윤암리와 구암

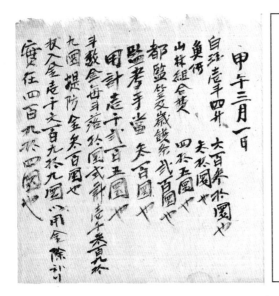

〈도 13〉 1954년 신현지의 못도감 기록

리의 못들에서는 매 두락당 정해진 금액을 지불하였다.

다음은 신현지의 감고에 관한 문서다.[3]

소화昭和 11년은 1936년이다. 〈도 14〉의 문서는 이해에 감고를 맡게 된 김소선씨가 작성한 계약서다. 못조직의 구성원들 누구에게나 공평하게 논에 물을 댈 것을 약속하는 글이다. 만약에 물을 관리하는 과정에서 경작자에게 불공평하다는 불만이 생길 때에는 매 두락당 나락 두 다발식 받기로 한 것을 무효로 한다는 내용이다. 경작자가 내는 두락당 나락 두 다발이 1936년 당시의 감고의 수당이다.

계약서의 내용이 엄하다. 그러나 이는 당시의 관개용수의 절실함을 말해주고 있다. 농경사회에서 유래하는 아전인수我田引水라는 말의 배경에서 관개용수의 중요성을 읽을 수 있다. 물사정이 열악한 지역에서는 논에 물대기에 대해 민감하다. 가뭄이 드는 해는 한층 상황은 심각하고 자칫 잘못하면 물싸움이 날 수도 있다. 못조직의 질서유지를 위해서 감고는 공평해야 한다.

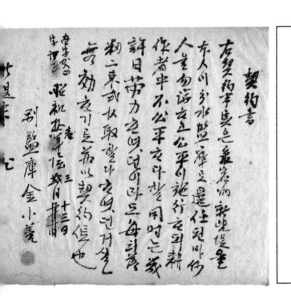

契約書

右契約事實은龜岩洞新峴堤을
本人이分水監考로選任된바何
人을勿論하고公平이施行하되耕
作者中不公平하다할同時는幾
許日勞力하엿던이라도每斗落
籾二束式收取할라하엿던거실
無效하기로玆以契約作也

新峴中　証

壱字加入四
字訂正　　昭和拾壱年陰三月十三日

別監考　金小善

〈도 14〉 1936년 신현지의 감고 계약서

3_ 본문의 아래아는 [ㅏ]로 표기하였다.

4. 하지고사

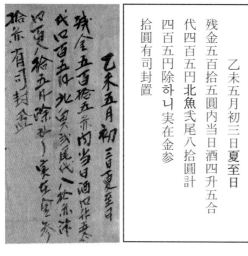

乙未五月初三日夏至日
残金五百拾五圓内当日酒四升五合
代四百五円北魚弐尾八拾圓計
四百五円除하니実在金参
拾圓有司封置

〈도 15〉 1955년 윤암리 못문서의 하지 기록

못조직에서는 매년 하지 때에 고사를 모셨다. 이를 '하지고사夏至告祀' 또는 '하지고유夏至告由'라고 한다. 1936년의 신현지 못문서에는 "하지후夏至後 도감접하都監接下 26전弍拾六錢"이라는 기록이 있다. 이는 하지고사 후에 도감을 접대한 비용이 26전이라는 뜻이다. 하지고사를 지내고 나서 고사를 주관한 도감을 접대하였다는 것이다.

다음은 윤암리 못문서의 하지 때의 기록이다.

〈도 15〉의 을미乙未(1955)년의 음력 5월 3일은 양력으로 6월 22일이다. 막걸리 4.5 되와 북어 두 마리의 대금 지출내역이 기재되어 있다. 막걸리와 북어는 하지고사의 제물祭物이다. 3월의 제회시의 기록에도 막걸리와 북어에 대한 지출내역이 있다. 이는 농사를 시작하는 3월에도 못고사를 지냈다는 것이다. 제물로는 반드시 북어를 올렸다. 고사의 기원祈願 내용은 물론 "비가 많이 와서 풍년이 들게 해 주십시오"라는 것이었다.

다음은 1957년 신현지 하지고사에 올린 제물이다.

〈도 16〉에 적혀있는 '수루매'

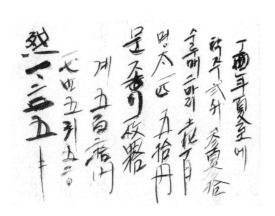

〈도 16〉 1957년 신현지 못문서의 하지 기록

는 오징어의 일본어다. 그리고 1959년 윤암리의 못문서에는 '상어'를 구매한 기록이 있다. 영남지역에서는 상어고기를 '돔베기'라고 하고 제사상에도 올린다. 못고사의 제물로 상어를 올린 점이 흥미롭다. 신현지 못문서에는 복일하기伏日下記라는 지출내역이 있다. 이는 복날 고사('복제伏祭'라고 함) 때의 제물 비용을 기록한 것이다.

5. 못의 역사役事와 궐금闕金

다음은 병술丙戌(1946)년 윤암리의 못문서다〈도 17〉. 여기에 "궐闕 3,000원"이라는 기재가 있다.

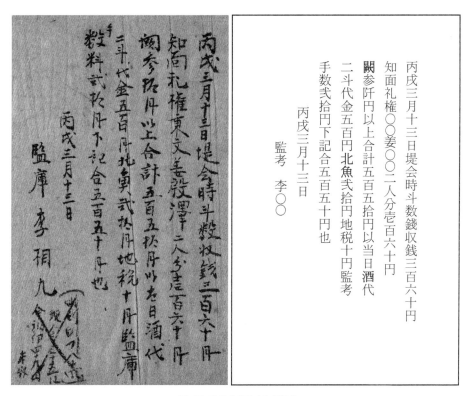

丙戌三月十三日堤会時斗数錢収銭三百六十円
知面礼権○○姜○○二人分壹百六十円
闕参阡円以上合計五百五拾円以当日酒代
二斗代金五百円北魚弐拾円地税十円監考
手数弐拾円下記合五百五十円也

丙戌三月十三日

監考 李○○

〈도 17〉 1946년 윤암리의 못문서

못조직에서는 매년 음력 3월에 그해의 농사를 위해서 못의 보수補修를 하고 막걸리와 북어를 제물로 못고사를 올렸다. 이러한 못의 역사役事에 불참한 사람은 궐금闕金을 낸다. 이를 "궐 낸다"고 한다. 매년 실행되는 못의 보수는 산에서 떼(흙을 붙여서 뿌리째 떼낸 잔디)와 흙을 바지게로 운반해 와서 못을 보수했다. 그러나 못을 크게 개수改修할 경우에는 소나무를 확보하고 목수도 구해야 한다.

다음은 기해己亥(1959)년 3월 윤암리의 못문서다〈도 18〉.

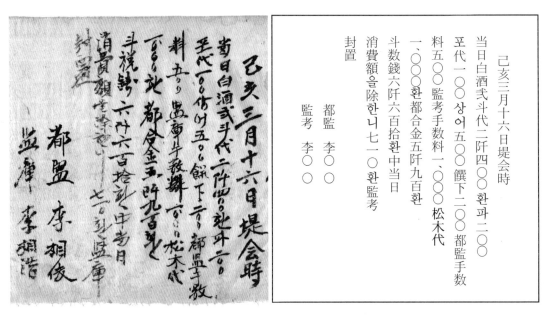

〈도 18〉 1959년 3월 윤암리의 못문서

여기에 "松木代一、○○○환"의 기재가 있다. 이 당시 화폐단위는 환圜이다. 이 소나무는 못의 개수 공사를 위해서 마련한 것이다. 이해 7월에 다음과 같은 기록이 있다〈도 18〉.

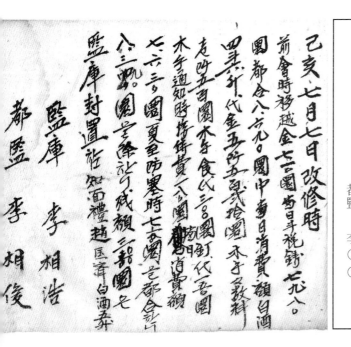

己亥七月七日改修時
前會時移越金七一〇圜当日斗税錢七、九八〇
圜都合八、六九〇圜中当日消費額白酒
四斗六升代金五阡五百弐拾圜木手々数料
壱阡五百圜木手食代三〇〇圜釘代一五〇圜
木手通知時接待費一八〇圜当日消費額
七、六三〇圜夏至防塞時七六〇圜을都合한니
八、三九〇圜을除한니、残額三〇〇圜은
監考封置함　知面禮趙〇〇白酒五升
　　　　　　　監考　李〇〇
　　　　　　　都監　李〇〇

〈도 19〉 1959년 7월 윤암리의 못문서

〈도 19〉는 7월 7일 못을 개수할 때의 지출내역이다. 목수 수수료木手々数料 1,500환, 목수 식대木手食代 300환, 못값釘代 150환, 목수에게 통지할 때의 접대비 180환 등이 기재되어 있다. 그리고 "백주 4두6승 대금 5,520환白酒 四斗六升代金 五阡五百弐拾圜"이라고 적혀있다. 막걸리 4.6말은 상당한 양이다. 막걸리 대금이 5,520환으로 목수 수수료보다 많다. 개수 공사에 많은 인원이 동원되었음을 알 수 있다. 또한 "하지 방색 시 760환夏至防塞時 七六〇圜"이라고 기재되어 있는 것으로 하지 때에도 못(제방)의 둑을 보수하였음을 알 수 있다.

제3장

봇조직과 못조직

1. 봇조직

사촌2리의 홍수석씨와 사촌3리의 김천수씨는 새들에 논을 소유했었고, 김천수씨는 새들의 봇도감을 경험했다. 이 두 분의 경험을 토대로 봇조직에 대해 알아보기로 하자.

봇조직의 기본 구성원은 논임자들로 '보꾼'이라고 칭한다. 새들의 보꾼은 30명이상이었다. 해마다 보꾼들이 모여 봇조직의 전체 책임자인 '봇도감洑都監'을 선출한다. 이 회의를 '보전여洑傳輿'라고 하는데, 변음 되어 '봇쟁이'라고 부른다. 봇도감의 임기는 1년이지만 유임도 가능하다. 봇도감을 보좌하는 '감고監考'를 한 명 둔다. 감고는 총무 역할이다. 감고는 변음 되어 '강고', 또는 '강구'라고 부른다.

새들의 봇조직의 수입금에는 다음과 같이 세 종류가 있다.

① 두락전 – 3마지기(600평)를 기본으로 정해진 일정 금액의 수세水稅다.

② 명외전 – 3마지기를 한 '명'으로 친다. 3마지기 이상이 되면 명외전을 받는다.

③ 궐돈 – 보의 역사役事시에 결석자가 내는 벌금으로 막걸리나 돈으로 냈다.

두락전은 3마지기를 기본으로 하는 것으로 3마지기 미달의 논의 경우도 3마지기의 기본 금액을 지불한다. 명외전은 3마지기 이상의 경우 한 마지기당 정한 금액을 지불한다.

봇조직에서는 해마다 보를 수리修理하고 봇도랑을 치는 보역사洑役事가 힘들었다. 보洑는 하천을 막아 둑을 쌓아 도랑을 파서 하천의 물을 끌어들여 논에 물을 대는 수리시설이다. 새들의 경우, 봇물을 대는 하천은 미천眉川이다. 이 지역에서는 '앞갱변'이라고 칭한다. 미천은 비가 오면 물이 있으나, 비가 오지 않으면 건천이다. 하천보다 도랑이 깊어야 논에 물을 댈 수가 있으니 봇도랑을 깊이 파야한다. 예전에 기계가 없을 때는 가래로 도랑을 쳐서 봇물을 댔다. 청명 무렵에 보꾼들이 전원 참가하여 봇도랑을 친다. 새들의 서쪽에 있는 비신앞들은 새들보다 지대가 낮아서 물대기가 좀 수월했다.

새들은 위치에 따라 상고上庫, 중고中庫, 하고下庫로 분류한다. 상고가 보에서 가까운 거리에 있는 논이다. 김씨는 상고와 중고에 홍씨는 하고에 논이 있었다. 새들은 한건한 지대라서 농업용수가 부족할 경우가 많았다. 이렇게 물이 부족할 때는 물을 대기가 더욱 어렵다. 적은 양의 물을 논에 차례대로 대기위해서 물을 관리하는 '물도감'을 선정한다. 보꾼들이 모여 논에 물을 대는 순서를 정하고 물을 대주는 당번을 정한다. 이를 "물패를 짠다"고 한다. 물패란 '논에 물을 대어주는 당번을 적어놓는 일정표'다〈도 1〉.

상고와 하고에 물도감 밑에 각각 한 사람씩 '물패꾼'을 두었다. 물패꾼은 보꾼들이 물패에 따라서 윤번제로 하루씩 담당하였다. 물이 부족할 때는 모내기 때부터 물패를 짠다. 한편 비가 많이 와서 물이 많아지면 논에 자유롭게 물을 댈 수가 있으니까 물패를 해산한다. 물도감과 물

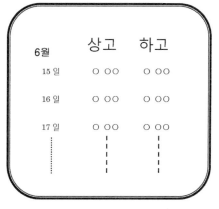

〈도 1〉 **물패판** 물패판에는 날짜별로 물패꾼의 이름을 적어서 논머리에 꽂아 놓는다.

패꾼은 물이 부족한 시기에만 활약한다. 상고와 하고의 물패꾼 두 사람이 하루 24시간을 교대로 상고의 논에서부터 차례대로 물을 대준다. 물을 대기 위해 물꼬를 틀 때는 물괭이로 트고, 물꼬를 막을 때는 뗏장으로 막는다. 뗏장은 산이나 들에 있는 잔디를 뿌리째 떠낸 덩어리다. 어느 정도 흙이 붙어 있어서 이것으로 물꼬를 막았다. 물을 대는 일을 "물을 본다"고 한다. 물패꾼은 각자 소유한 논의 면적과 상관없이 하루씩 물을 본다. 아침 8시경에 다음날 물패꾼에게 인수인계를 하는데 전날 물패꾼을 '묵은 물패꾼'이라고 한다. 다음날 물패꾼은 묵은 물을 본 사람에게 어느 논에 물을 대주었다는 정보를 듣는다.

물도감은 논에 물대기가 잘되고 있는지를 살펴보기 위해 들을 돌아본다. 물패꾼이 논을 건너뛰거나 물을 잘 못 대었을 때에는 막걸리 닷 되나 한 말을 벌금으로 낸다.

2. 못조직

윤암리에는 '큰골못大谷池'이 있다〈도 2〉. 1장 〈도 3〉의 지도에는 대곡지로 표기했다. 큰골못 아래에 못들이 펼쳐져 있다〈도 3〉.

윤암리의 이승희씨(1947년생, 남)는 2007년부터 감고를 맡아왔다. 이씨의 사례를 통해 못조직을 살펴보자.

못조직의 책임자는 못도감이고 그 밑에 감고가 한 명 있다. 매년 3월에 못조직의 구성원들이 나와서 못을 보수한다. 구성원들은 바지게를 지고 모인다. 예전에는 못 둑을 나무로 만들었다. 바지게를 지고 산에 가서 뗏장을 가지고 와서 둑을 막았다. 못둑 주변에 나무를 심으면 그 뿌리가 못둑에 파고들어 못둑이 무너질 수 있으니까 못 주변에는 일체 나무를 못 심게 했다.

물량이 찼을 때, 물이 흘러넘쳐 빠질 수 있도록 조금 낮게 만든 부분을 '매래'라고 한다. 이곳은 수량을 조절하기 위한 시설로 수문과 같은 역할을 하는 것이다.

〈도 2〉 윤암리의 큰골못

〈도 3〉 윤암리의 큰골못 아래의 들

　감고는 비가 올 때 못에 물을 받기 위해서 설통을 막아야 한다. 설통은 나무로 구멍을 만든 수멍이다. 수멍은 논에 물을 대거나 못의 물을 빼기 위해 만든 물구멍이다.

　하지 고사 때에는 명태 포 한 마리와 막걸리를 제물로 못고사를 지낸다. 그런데 요즘은 하지 무렵에는 마늘을 수확하고 나서 모내기를 하느라고 바빠서 모이지 않는다. 그래서 감고가 혼자서 못 제사를 올린다.

제4장

마무리

들조직은 관개용수를 이용하기 위하여 수리시설을 공동으로 관리하는 전통적인 수리공동체다. 들조직에서는 조직운영을 위하여 자치규약을 기록하였다. 이것이 봇문서와 못문서다. 봇문서와 못문서(몽리기)에는 봇들과 못들의 몽리면적과 몽리자의 이름이 기재되어 있다. 그리고 각 들조직의 규칙과 회계내용을 매년 기록하였다.

들조직에는 도감과 감고가 있다. 도감은 조직의 대표자, 감고는 실무 담당자다. 신현지 못조직에서는 도감을 상당히 예우하였다는 것을 못문서를 통해 알 수 있다. 사촌마을의 김천수씨는 다음과 같은 말을 들려주었다.

안동군 길안면에는 수백 마지기의 넓은 들이 있었다. '이민'이라는 사람이 들을 개척하였다고 '이민들'이라고 불렸는데, 이민들에 관련되는 속담이 있었다.

"이민들 봇도감을 할거냐, 안동군수를 할거냐"고 물으면, "이민들 봇도감을 하지 안동군수는 안 한다."고 대답한다. 이민들 봇도감은 권한이 좋고 대우가 좋았다는 것이다.

이 말은 봇도감의 위상을 잘 나타내 주는 말이다. 사촌마을의 김창회씨는 도감에 대해 다음과 같이 설명한다.

도감은 신망과 덕망을 갖춘 마을의 어르신을 선임한다. 조직의 규율을 세우기 위해서는 도감의 말이 곧 조직의 법규와 같은 효력을 가진다.

청명(양력 4월 5일경) 무렵에 봇조직에서는 보꾼들이 전원 참가하여 봇도랑을 쳤고,

못조직에서는 못을 보수하였다. 들조직의 보나 못을 수리하기 위해서는 산에서 나무, 흙, 떼 등을 조달해야 했다. 이러한 자원을 이용하기 위해 들조직에서는 산을 확보하는 경우가 있었다. 이러한 용도의 산을 '봇갓' 또는 '못갓'이라고 한다. 신현지 못문서에는 산세山稅, 임야세林野稅, 지세地稅라는 명목이 기재되어 있다. 이는 못조직에서 소유한 못갓, 또는 산림이용에 대한 비용을 지불한 내역이다.

새들에서는 자기 논에 물대는 순서가 돌아와야 모를 낼 수 있었다. 그러나 새들은 워낙 한건하여 홍수석씨는 물모를 한 적이 없었다. 그래도 매년 벼농사에 도전한다. 그러나 한건하여 어쩔 수 없이 조농사로 전환시켜야 하는 경우가 많았다. 농사꾼에게 관개용수는 생명줄과 같이 소중하다. 관개용수의 수리시설인 보와 못에서는 절실한 기원의 고사를 올렸다. 새들에서는 보의 수구水口에서 하지고사를 올렸다. 못들의 못에서는 음력 3월에 못고사, 하지고사, 복고사를 지냈다.

이 글에서는 사촌마을 주변의 몇 개의 들과 들조직을 소개하였다. 그러나 이는 들조직의 일부다. 하천 주변에는 하천을 관개용수로 이용하기 위해 수리시설로 보를 만들어 논에 물을 대는 수많은 봇들이 있었다. 못은 주로 산에서 내려오는 물을 이용하여 만들었다. 봇문서와 못문서는 수리공동체의 규약으로 농촌사회의 전통적인 들조직에 대해서 알 수 있는 자료다. 이 글에서는 못문서를 중심으로 들조직에 대해서 알아보았다. 어딘가에 봇문서가 있을지 모른다. 앞으로도 이러한 연구가 필요하다고 생각된다.

제5부

부안 사람들의
소금의 생산기술과 민속

삼면이 바다인
한국의 해안 곳곳에서는
바닷물을 졸여서 소금을 만들었다.
이것이 전통 제염기술로 생산된 자염煮鹽이다.
이러한 자염煮鹽을 부안에서는 활염火鹽
또는 육염陸鹽이라고 불렀다.
전라북도 부안군의 자염과
천일염의 생산기술과 민속을 살펴본다.

소금의 생산은
바닷물을 원료로 만드는 것이 기본이다.
소금의 생산 방법은
크게 두 가지로 나눌 수 있다.

첫째, 바닷물을 농축시켜 이것을 가마솥에서 끓여내는 방법이다.
이를 전오염煎熬鹽 또는 자염煮鹽 제염법製鹽法이라고 한다.

둘째, 바닷물을 염전鹽田으로 끌어들여
햇볕과 바람으로 바닷물을 증발시켜 소금을 만드는 방법이다.
이를 천일염天日鹽 제염법이라고 한다.

제1장

제염역사와 부안의 제염지

먼저 천일염의 제염역사에 대해서 살펴보자.

한국에서의 천일염 제염의 시초에 대해서 『한국수산지』에 다음과 같이 자세히 기록되어 있다.

정부는 염업의 개량진보를 꾀하기 위해 염업시험장을 두었다. 이 염업시험장의 기원은 이전의 정부재정고문본부에서 염업개량의 지도를 하기위해 계획한 것이다. 동해안의 토질은 종래 염전식인 전오제염업에 적합하기에 이를 개량하여 모범을 나타내기 위해 시험염전을 한 곳에 세우고, 서해안의 토질은 종래 본국에는 없는 천일제염업에 적합하기에 이것을 성공시켜 청나라 소금에 대항하여 염업을 유지하기 위해 이곳에 시험염전을 한 곳 세울 것을 결정하였다. 후자는 인천부근의 주안포에, 전자는 부산부근의 수영만에 토지를 선정하여, 작년 융희 원년(명치 40) 봄에 공사를 착수하여 그해에 준공하였고, 다음해인 융희 2년(명치 41)에 농상공부의 관할로 이전하여 처음으로 염업시험장이라고 칭하고, 본장소를 농상공부내에 두고 두 시험염전은 출장소라고 불렀다.

政府は鹽業の改良進步を謀らんが爲に鹽業試驗場を置けり。抑〃此の鹽業試驗場の起源は前の政府財政顧問本部に於て鹽業改良の指導をなさんが爲に計畫せし所にて、本邦東半の海浜は土質従来の鹽田式煎熬製鹽業に適せるを以て之れが

改良を図り模範を示さんが為に一つの試験鹽田を、又其の<u>西半の海岸は土質従来</u><u>本邦になき天日製鹽業に適する</u>を以て之れを成功するに於ては清国鹽に対抗して鹽業を維持せらるるを以て一の試験鹽田を設くるの議を決し。後者としては仁川附近の朱安浦に、前者としては釜山附近の水営湾に土地を撰定し、昨隆熙元年(明治四十年)春之れが工事に着手し、其年を以て竣成し、越へて本隆熙二年(明治四十一年)に至て農商工部の所管に移り、初めて鹽業試験場と称し、本場を農商工部内に置き、両試験鹽田は之れを出張所と称するに至れり。(밑줄과 구두점은 필자)

위의 내용을 정리하면 다음과 같다.

염업의 개량진보와 청나라의 소금에 대항하기 위해 염업시험장이라는 기관을 만들고 시험염전을 부산과 인천의 두 곳에 만든다. 각 지역의 토질에 맞게 부산은 전오염의 염전, 인천은 천일염의 염전을 설치하였다. 천일염의 염전은 원래 한국에는 없던 것으로 인천부근의 주안포에 융희 원년(1907)에 축조공사에 착수하여 그해에 준공하였고, 융희 2년(1908)에 농상공부 관할로 이전하여 '염업시험장'으로 칭하고, 부산과 인천의 시험염전은 '출장소'라고 하였다.

이와 같이 한국에서 천일염 제염의 시초는 1907년으로 인천 주안포에서 시작되었다. 그 이후 천일염의 염전은 정부의 추진으로 단계적으로 염전을 축조해 나갔다. 제1기에서 제3기까지의 염전축조 상황을 보면 다음과 같다.[1]

〈도 1〉 염전지와 공사년도표

	염전지	면적(정보)	공사착수연도	공사준공연도
제1기 공사	경기도 주안 염전	88.5	1908	1911
	평안남도 광량만 염전	770.0	1909	1914
제2기 공사	경기도 주안 염전	123.9	1918	1919
	평안남도 덕동 염전	223.0	1918	1920
제3기 공사	경기도 남동 염전	300	1920	1922

1_ 石川武吉編, 『조선의 천일염에 관한 자료총설편』, 일본·友邦協会, 1983년의 자료를 필자가 재정리하였다.

	경기도 군자 염전	575	1921	1925
	평안남도 귀성 염전	149	1919	1920
	평안북도 남시 염전	317	1921	1924
면적 합계		1,205.4		

1907년에 인천 주안의 천일염 시험염전을 효시嚆矢로, 1908년부터 제1기 염전공사에 착공하여 제3기공사는 1924년에 준공된다. 제1기에서 제3기까지 축조된 염전지를 보면 경기도와 평안남·북도 지역이다.

한편, 자염 제염법은 오랜 역사를 가지고 있다. 삼면이 바다인 한국의 해안 곳곳에서 소금을 만들었다. 고려시대와 조선시대의 고문헌에서 염소鹽所(소금 만드는 곳), 염창鹽倉(소금 보관 창고), 염분鹽盆(소금가마 또는 소금 만드는 곳) 등의 소금만들기에 관련된 기록을 볼 수 있다. 특히 『세종실록지리지』에는 각 지역의 염소에 대한 기록이 있고, 이러한 염소와 염창은 현재도 지명으로 남아있는 곳이 있다.

다음은 부안군의 제염지에 대한 『세종실록지리지』의 기록이다.

> 부안현扶安縣의 서쪽에 염소鹽所와 염창鹽倉이 있고, 공사 염간公私鹽干이 모두 1백
> 13명이다. 봄·가을에 바치는 소금이 1천 1백 27석 남짓하다
>
> 鹽所一, 在縣西. 鹽倉, 在縣西. 公私干并一百十三名. 春秋所納鹽一千一百二十七石有奇.

부안현의 서쪽이라는 것은, 지금의 부안군의 서해안 쪽을 말하는 것으로 그 곳에 소금 만드는 곳과 소금을 보관하는 창고가 있다는 것이다. 염간鹽干은 소금을 만드는 일에 종사하는 사람을 뜻하는데 그 인원수가 113명이고, 봄 가을에 바치는 소금이 1,127석이나 된다. 다른 지역의 기록과 비교해 보면, 상당한 생산량이다.

대정6년(1917)에 측량한 지도에서 부안군의 염전을 확인해 보자〈도 2〉.

〈도 2〉에 나타난 부안군의 염전이 있는 곳은 조선시대에는 염소면鹽所面이었고 현재도 염창산鹽倉山이 지명으로 남아 있다.

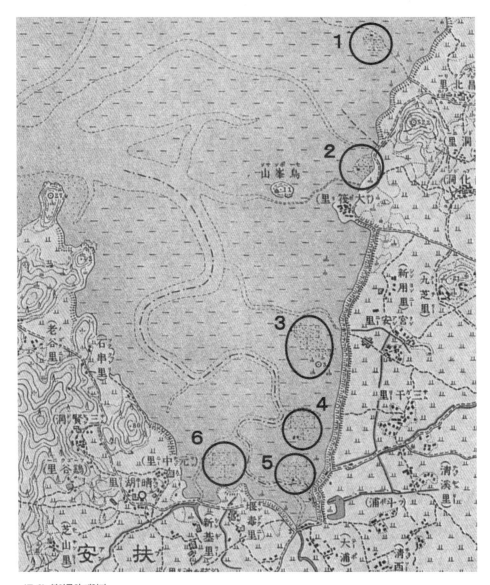

〈도 2〉 부안군의 제염지
① 계화면 창북리 서쪽에 있는 염전으로 염창산(53m) 서북쪽이다.
② 행안면 궁안리의 대벌마을 북쪽에 있는 염전으로 염창산(53m) 서남쪽이다.
③ 행안면 삼간리 궁안마을 서쪽에 있는 염전이다.
④ 행안면 삼간리 삼간마을 서쪽에 있는 염전이다.
⑤ 행안면 삼간리 서쪽에 있는 염전이다.
⑥ 하서면 언독리 북쪽에 있는 염전이다.

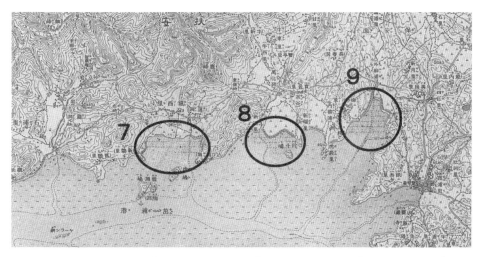

〈도 3〉 곰소만의 제염지　⑦ 진서면 진서리의 염전　⑧ 보안면 신복리의 염전　⑨ 보안면 유천리에 있는 염전

　　연이어 대정 6년(1917)에 측량한 지도에 나타난 부안군의 곰소만(옛 줄포만)의 염전지를 살펴보자〈도 3〉.

　　『세종실록지리지』의 염소의 기록과 대정6년(1917)에 측량한 〈도 2〉에 표시된 염전은 거의 일치한다. 〈도 1〉 염전지와 공사년도표에 나타나는 바와 같이 1924년까지 경기도와 평안남·북도를 중심으로 천일염전의 축조가 이루어진 점을 고려해 볼 때, 1917년 육지측량부에서 측량한 지도에 표시된 부안군 지역의 염전은 자염의 염전으로 추정된다. 다음은 1957년에 발행한 『부안군지』의 '부안군의 염전'에 대한 기록이다.

> 山內面鎭西里一個所　　天日鹽産出
> 下西面大橋里二個所　　長信面一個所今發
> 保安面柳川里二個所　　新福里三個所
> 幸安面鹽所　二個所　　以上皆土鹽産出

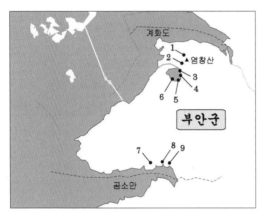

〈도 4〉 부안군 지역의 제염지

여기에는 산내면 진서리의 한 곳에서만 천일염을 생산하고 나머지 지역에서는 전부 토염土鹽을 생산한다고 기록하고 있다. 산내면 진서리는 현재의 부안군 진서면 진서리다.

『부안군지』에 기록된 하서면과 행안면은 〈도 2〉, 산내면(지금의 진서면)과 보안면은 〈도 3〉의 제염지에 해당된다. 『부안군지』의 기록은 1950년대까지도 이 지역에서는 자염을 생산하였다는 것을 입증해 주고 있다.

부안군 지역의 제염지를 현 지도에 나타내면 〈도 4〉와 같다.

자염과 천일염의 제염법에 대해서 부안군 진서면 진서리 구진마을의 사례를 통해 살펴본다.

제2장

자염의 생산방법과 제염과정

자염에 대해서는 진서면 진서리 구진마을의 김평수씨(1938년생, 남)의 설명을 바탕으로 살펴보았다. 이 지역에서는 자염을 활염 또는 육염陸鹽이라고 한다. 활염은 화염火鹽의 변음이다.

육염을 만드는 과정은 크게 두 단계로 나누어진다. 첫째는, 갯벌에서 바닷물을 농축시키는 단계다. 여기서 농축시킨 함수鹹水를 '소금물'이라고 한다. 소금물을 만드는 곳을 '섯등'이라고 한다. 다음은 소금물을 운반하여 가마솥에서 끓여서 수분을 증발시켜 소금을 만든다. 이곳을 '벌막' 또는 '벌자리'라고 한다. 구진마을에는 벌막이 2곳 있었다. 김평수씨 큰형님인 김병태씨(1924년생, 남)가 운영하던 것과 배동선씨의 벌막이다. 배동선씨는 이 마을에서 부잣집으로 알려져서 배씨가 소유한 벌막은 일명 '부잣집 벌막'이라고 불렸다. 한 벌막에 섯등이 4~5개 딸렸다. 그러니 구진마을의 섯등은 10개 정도가 된다.

김평수씨의 큰형님은 6·25전쟁이 끝나고 3년 후인 1956년 무렵까지 벌막을 운영하였다. 김평수씨는 이때, 벌막일을 도와주면서 소금만들기를 경험하였다.

1. 섯등 만들기

갯벌에는 바닷물이 흐르는 크고 작은 고랑이 있고 손등처럼 두둑이 된 부분이 있다(도 1 왼쪽사진). 이러한 두둑을 파서 섯등으로 만든다. 큰고랑은 '바닷골', 작은 고랑은 '새끼고랑'이라고 한다. 섯등은 새끼고랑의 연장선상에 만든다(도 1 오른쪽그림). 이는 새끼고랑으로 들어오는 바닷물을 섯등에 퍼붓기 위해서다.

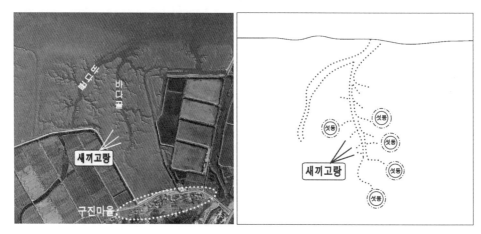

〈도 1〉 구진마을 앞 갯벌의 섯등

섯등의 크기는 직경 6~10m로 갯벌의 두둑의 크기에 따라 다르다. 새끼고랑 옆에 두둑이 된 부분에 원형으로 깊이 2m 이상의 구덩이를 판다. 이것이 섯등터가 된다.

구덩이는 가래로 판다. 보통 가래질은 3명이 기본이다. 그러나 섯등을 만들 때의 가래질은 5명에서 11명까지 필요하다. 가래의 자루를 잡는 사람을 '짐쟁이'라고 한다. 가래를 들어 올리는 것이 짐을 드는 것과 같은 원리라는 뜻이다. 가래의 자루와 몸체의 연결부분인 목에 묶는 줄을 '목줄', 가래의 몸체에 구멍을 내어 묶는 군두새끼를 '긴줄'이라고 한다〈도 2〉.

가래의 목줄을 좌우에서 한사람씩 잡고 긴줄을 좌우 3~4명씩 잡아올린다. 목줄은 좌우 1명씩 잡는 것이 고정적이고 긴줄은 1~4명까지 잡는다. 긴줄잡이는 땅을 깊이 팔 때 인원이 늘어난다. 짐쟁이가 가래를 갯벌에 찌르면 목줄잡이가 들어주고 긴줄잡이가 흙을 퍼낸다〈도 3, 4, 5〉. 이곳의 갯벌은 점도粘度가 강하기 때문에 이와 같이 가래질에 인원이 11명까지 필요한 것이다.

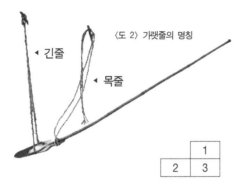

〈도 2〉 가랫줄의 명칭

◀ 긴줄

◀ 목줄

	1
2	3

1 〈도 3〉 **가래질 1** 2011년 7월 건축현장의 가래질이다. 삽에 구멍을 내어 밧줄을 묶었다. 짐쟁이가 가래를 찌르고 있다. 가래가 삽으로 바뀌었지만, 전통적 가래질이 그대로 전승되고 있다.
2 〈도 4〉 **가래질 2** 삽에 흙을 실어 양쪽에서 긴줄잡이가 당기고 있다.
3 〈도 5〉 **가래질 3** 삽에 흙을 퍼내고 있다.

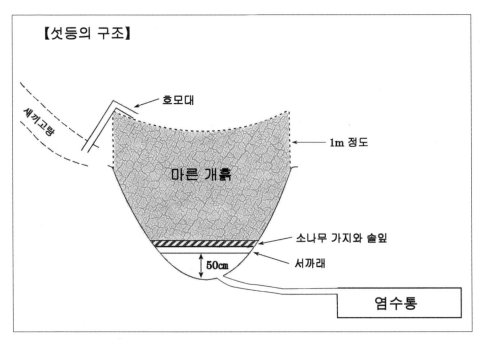

【섯등의 구조】

호모대

세까고랑

1m 정도

마른 개흙

소나무 가지와 솔잎

서까래

50cm

염수통

〈도 6〉 섯등의 구조

섯등 바닥과 벽은 소금물이 스며들지 않도록 반들반들하게 다진다. 섯등의 테두리는 조금 높게 쌓고, 섯등 테두리의 4곳에는 문을 만든다. 이곳으로 염토鹽土를 밀어 넣는 곳이다. 섯등 바닥 한쪽에 깊이 약 3m 정도로 섯등보다 더 깊게 홈을 파서 2~3m 떨어진 곳에 나무판자로 '井'자 모양으로 이어서 만든다. 이곳을 '염수통'이라고 한다. 염수통은 가로 20~30cm, 세로 3m, 깊이 50cm 정도의 직사각형으로 이곳에 '소금물'이 모인다.

섯등터 위에 연자를 걸고 서까래를 걸친다. 서까래의 위치는 섯등 바닥에서 약 50cm정도의 공간이 되도록 한다. 이곳에 소금물이 떨어져서 염수통으로 모인다. 서까래는 주로 소나무를 이용한다. 그 위에 생솔가지를 깐다〈도 6〉. 솔잎은 염분속에서도 잘 썩지 않고 청정효과도 있다.

2. 갯벌갈이와 염토 만들기

섯등터에서 약 50m 갯벌을 소로 간다. 이 부분을 '흙갈이터'라고 한다〈도 7〉.

소에 써레를 걸고 갯벌을 간다. 이때는 2마리 정도의 소로 갯벌을 간다. 써레는 갈아 놓은 논바닥을 고르거나 흙덩이를 잘게 부수는 농기구이지만, 여기에서는 갯벌을 갈아서 공기를 넣어 흙을 말리기 위해서 사용된다〈도 8, 9〉.

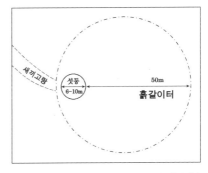

〈도 7〉 흙갈이터

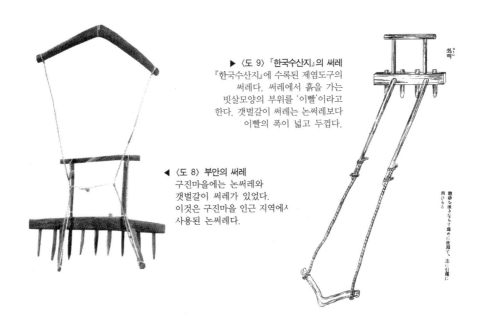

▶ 〈도 9〉『한국수산지』의 써레
『한국수산지』에 수록된 제염도구의 써레다. 써레에서 흙을 가는 빗살모양의 부위를 '이빨'이라고 한다. 갯벌갈이 써레는 논써레보다 이빨의 폭이 넓고 두껍다.

◀ 〈도 8〉 부안의 써레
구진마을에는 논써레와 갯벌갈이 써레가 있었다. 이것은 구진마을 인근 지역에서 사용된 논써레다.

갯벌의 써레질은 뻘(개흙)을 갈아 말려서 염분을 농축시키기 위한 작업이다. 써레질은 조금 때에 한다. 섯등과 흙갈이터는 조금 때에는 바닷물에 잠기지 않고 드러나는 곳이다. 갯벌갈이를 할 때, 다른 지역에서는 갯벌에 바닷물을 뿌리는 경우가 있다. 이는 염분의 농도를 높이기 위해서다. 구진마을 앞의 갯벌은 점도가 강하여 사리 때 바닷물에 잠겨있는 함수율含水率만으로도 충분하기에 갯벌에 바닷물을 뿌리는 경우는 거의 없다.

조석潮汐은 주로 달의 인력引力에 의한 현상으로 음력을 기준으로 한다. 조금은 한달에 두 번 있다. 음력으로 초여드레와 스무사흘이다. 조금 이틀 전인 열두물(음력 6일)부터 아친조금(음력 7일), 한조금(음력 8일), 무쉬(음력 9일)까지 나흘간 써레질을 하여 개흙을 말린다. 음력은 한 달이 29일과 30일이 있으므로 조금에도 '긴조금('진조금'이라고 함)'과 '짧은조금('잘른조금'이라고 함)'이 있다. 긴조금은 하루 더 여유가 있으므로 한마(=첫물날, 음력 10일)까지 5일간 갯벌을 갈아서 말릴 수 있다. 이렇게 4~5일간 써레질을 하여 염분이 농축된 개흙은 염토鹽土가 된다.

3. 섯등에 염토 채우기

섯등 채우기는 하루에 이루어진다. 소牛에 나래를 걸고 염토를 섯등으로 운반한다〈도 10〉.

〈도 10〉 『한국수산지』의 나래 나래는 논밭을 판판하게 고르는 데 사용하는 농기구다. 『한국수산지』에 수록된 제염도구의 나래다. "개흙을 밀어서 섯등에 모을 때 사용한다. 소 한 마리, 인부 한 사람이 필요하다"고 설명하고 있다.

섯등에 염토를 채울 때는 하나의 섯등에 8마리의 소가 필요하다. 구진마을에 10개 정도의 섯등이 있었으니, 염토 채우기 작업에는 80마리 정도의 소가 필요한 것이다.

구진마을에서도 소를 키웠지만, 염토를 채울 때는 내변산의 산촌마을인 부안군 변산면 중계리에서 소가 많이 왔다. 중계리는 논은 적고 밭이 많은 산골이다. 이 마을은 소에게 먹일 풀(촐)이 많아서 소를 키우는 환경이 좋기에 소를 키워서 평야지역의 논밭을 갈아주는 일을 생계의 수단으로 하는 사람이 많았다. 마을에는 소를 관리하는 반장이 있었다. 구진마을에서 소가 몇마리 필요하다고 주문을 하면 반장이 마을의 소를 소집하여 보낸다.

소는 조금 때는 섯등일을 하고 사리때는 논·밭일을 했다. 소주인이 소를 몰고 와서 논·밭과 갯벌을 갈아준다. 이때의 소주인을 '소애비'라고 부른다. '소의 아버지'라는 말이다. 소에게 일을 많이 부릴 때, 여물 이외에 간식(풀)을 준다. 여물은 소주인이 가지고 오고 간식 풀은 일을 부리는 집에서 준비해 준다. 갯벌은 발이 빠지고 가는 일이 힘들기 때문에 논일보다 삯을 10%정도 많이 준다.

섯등 4곳의 문을 구역으로 나누어 하나의 문의 흙갈이터를 소 2마리가 나래질을 한다. 처음에는 염토를 섯등의 테두리까지 소로 밀고 간다. 그리고 섯등문에서 사람이 염토를 섯등에 밀어 넣어 메운다. 염토는 서까래와 솔가지 위에 얹힌다. 이렇게 30cm정도 염토를 쌓고 다지면 갯벌흙은 단단해져서 소가 빠질 우려가 없다. 이후는 소가 직접 섯등위로 염토를 운반할 수 있다. 염토는 섯등의 지면에서 1m정도 쌓아올린다. 섯등에 쌓은 염토 가운데가 접시처럼 오목하게 만든다. 바닷물을 섯등에 퍼부을 때 밖으로 흘러내리지 않게 하기 위해서다〈도 6〉.

한 번의 조금 때의 갯벌갈이로 섯등에 염토를 전부 채울 수는 없다. 다음 조금 때에 갯벌을 갈아 거듭해서 염토를 채운다. 연이어 염토를 채우는 작업을 '중배기'라고 한다. 이중으로(연이어) 곱배기 작업을 한다는 뜻이다. 그러나 다음 조금 때에 비가 오면 갯벌을 갈아 말릴 수 없다. 그러면 섯등에 염토를 채우는데 한 달 또는 한 달 반이 걸릴 경우도 있다. 다음 조금까지 섯등은 갯벌에서 사리를 맞이한다. 사리때는 갯벌에 물이 많이 들고 많이 빠지고, 조금 때는 조금 들고 조금 빠진다. 12시간을 주기로 밀물과 썰물이 이루어진다. 사리 때의 만조滿潮시는 갯벌에 바닷물 수위가 1m 20~30cm 정도 된다. 이때는 작업을 할 수 없다. 섯등에 바닷물이 들어가지 않도록 섯등을 만들 때 구덩이 2m를 판 흙을 이용하여 섯등 주변에 둑을 쌓아올린다.

4. 소금물 만들기

조금 때에 섯등에 염토를 메우고 난 후, 두물날(＝두마. 음력으로 열하루와 스무엿새)과 세물날(＝서마. 음력으로 열이틀과 스무이레)에는 새끼고랑까지 바닷물이 온다. 새끼고랑을 갯벌로 막아 물저장고를 만든다.

나무판자로 'ㄷ'자 모양의 홈을 만들어 물저장고와 섯등을 연결하여 세워 건다. 이를 '호모대'라고 한다. 호모대는 홈대, 즉 홈통을 뜻한다. 염토는 섯등 지면에서 1m이상 쌓아져 있으므로 호모대는 그 위로 걸치게 한다. 물저장고의 바닷물을 섯등의 염토위에 바닷물이 20~30cm 고일 때까지 쪽바가지〈도 11〉로 호모대에 퍼붓는다. 이 작업은 2명이 같이 한다.

〈도 11〉 소매 쪽바가지
부안군 변산면 중계리의 소매 쪽바가지다. 인분을 푸기 위해 사용한다. 쪽바가지는 용도에 따라 바가지의 각도를 조절해서 만든다.

섯등에 메워진 염토에 바닷물을 부으면 시루와 같이 밑으로 바닷물이 빠진다. 염분이 농축되어 있는 염토에 바닷물이 여과되면서 염도가 높아지며 섯등 바닥으로 떨어진다. 이것이 다시 염수통으로 모아진다. 염수통의 소금물은 '뽀메'라고 하는 염도계로 측정한다〈도 12, 13〉. 뽀메는 프랑스 화학자 '보메A. Baumé(1728~1804)가 고안한 액체의 비중을 측정하는 비중계다. 고안자의 이름을 따서 '보메 비중계'라고 하는데, 이를 줄여서 주로 뽀메라고 부른다. 비중계의 단위도 보메를 사용하므로 보메도度 'ㅇ보메'가 맞는 표현이나 흔히 염도 'ㅇ도'로 통용된다.

바닷물은 보통 염분농도가 3~3.5%이지만, 김평수씨는 구진마을 앞의 바닷물은 겨울에는 염도가 1도 미만이고, 한식 무렵에는 1도, 하지 때는 1도 2부가 된다고 한다. 이러한 바닷

1 〈도 12〉 뽀매 1
　　현재 구진마을에서 사용되고 있는 '보메 비중계'다. 유리제품으로 측정범위는 0도~40도로 1도씩 눈금을
　　나타내고 있다.
2 〈도 13〉 뽀매 2
　　나무관에 소금물을 넣고 염도를 측정한다. 나무관 위로 올라온 부위의 눈금이 염도를 나타낸다. 염도가
　　높을수록 비중계가 위로 올라온다.

물이 농축되어 염수통의 소금물의 염도가 10~12도가 되도록 한다. 염수통에 모인 소금
물을 다시 섯등의 염토에 퍼부어서 염도를 높인다. 염도 12도의 소금물을 만드는데 보
통 일주일이 걸린다. 섯등의 염토는 염분이 다 빠지면 가래로 파서 갯벌에 다시 뿌린다.
이와 같이 갯벌에서의 바닷물의 농축은 2단계의 과정으로 이루어진다.

5. 소금물 운반

염수통에 모아진 소금물을 물통에 담아 '무지게(물지게)'에 지고 벌막으로 운반한
다. 염수통에서 물통에 담을 때는 쪽바가지를 사용하여 깊은 곳의 소금물을 퍼낸다.
물통은 나무쪽을 이어 대나무로 둘러 만든 것으로 '스기목(삼나무)'으로 짜서 만들기

도 하였다. 삼나무는 물을 덜먹고 가볍다. 삼나무는 한반도에는 없는 수목이었으나 일제 말기 때에 배를 만들기 위해 일본인들이 심었다.

소금물을 운반하는 물통의 형태는 밑 부분을 넓게 만들었다〈도 14, 15〉. 구진마을의 갯벌은 점도粘度가 강하다. 무지게로 운반하다가 갯벌에서 발이 빠지거나 미끄러져서 물통이 떨어졌을 때 쉽게 엎지르지 않도록 밑 부분을 넓게 하여 안정성을 취한 것이다. 많은 노력과 시간을 투자하여 만든 소금물을 한 방울도 소실하지 않기 위해 지혜롭게 개량한 것이다.

소금물을 무지게로 운반하는 사람을 '지게꾼'이라고 불렀다. 지게꾼은 3~4명이었다. 소금물 운반은 갯벌에서 지게질이 힘드니까 일반 운반보다 20%정도 지게삯을 많이 주었다.

〈도 14〉 **고창군 염전의 물통** 「검단 소금전시관」에 전시된 무지게다. 전라북도 고창군 심원면 월산리 사등마을의 자염 만들기 제염도구로 소개하고 있다.

〈도 15〉 **구진마을 염전의 물통** 구진마을에서 사용된 소금물 운반용 물통은 밑부분이 넓다. 〈도 14〉를 이용해 이미지를 나타낸 것이다.

6. 벌막에서 소금굽기

갯벌에서 2단계를 걸쳐서 만들어진 소금물을 벌막으로 운반하여 가마솥에서 졸여서 소금을 만든다. 벌막은 소나무로 서까래를 걸고 짚으로 덮어 원뿔형으로 만든다〈도 16〉.

소금을 구울 때 생기는 수증기가 나갈 수 있도록 천정은 틔워놓으나 비가 새지 않도록 꼭대기에 고깔모양의 '갓머리'를 씌운다. 벌막의 넓이는 보통 30평 정도다. 철판으로 가로 6m, 세로4m, 깊이 30~40cm 크기의 직사각형의 가마솥를 만들어 소금물을 끓인다. 소금물은 땅을 파서 보관하거나 하면 땅에 흡수되어 손실되므로 염수통에서 운반하여 직접 가마솥에 붓는다. 무지게로 20~25짐(물통으로 40~50통)의 소금물을 지어 나른다.

벌막에서는 3~4명의 인부가 작업을 한다. 그 중 한 명은 가마솥의 불을 지피는 사람이다. 이를 '부쟁이'라고 부른다. 부쟁이는 '불쟁이'에서 'ㄹ'이 탈락한 것이다. 가마솥에서 소금의 염도가 25도가 되면 물위에 하얗게 기름처럼 뜨는 것이 생긴다. 이것을 "소금 꽃이 핀다"고 한다. 이것은 천일염도 마찬가지다. 50통의 소금물의 경우, 가마솥에 주야로 이틀간 불을 지피면 소금이 구워진다. 밤에는 부쟁이가 불을 지피고 낮에는 다른 사람이 교대해 준다.

소금을 굽기 위해서는 땔감의 조달이 중요한 문제다. 구진마을은 주변의 산에서 땔감을 구할 수 있었다. 아침 일찍 나무를 팔러 온 사람들이 벌막 앞에 줄을 섰다. 땔감은 다발로 팔았다. 한 지게에 주로 두 다발의 나무를 지고 왔다. 벌막을 운영하였던 배동선씨는 구진마을에서 1km 정도 떨어진 곳에 '오솔밭퉁'이라고 불리는 2정보(6,000평)의 개인산이 있었다. 전라도 지역에서는 땔감을 조달하는 산을 '깎음'이라고 부른다. 이는 '깎다'의 명사형으로 산에서 벌목하는 것을 "산을 깎는다"고 표현한다.

가마솥이 완전히 식으면 당그래로 소금을 긁어모아 간수를 뺀다. 간수를 빼면 육염 만들기는 완성이다.

〈도 16〉 벌막 전라북도 고창군 심원면 월산리 사등마을의 벌막을 재현한 것이다.

제3장

천일염의 제염과정

구진마을 입구에서 염전길로 들어가면, 천일염의 염전 창고와 염전이 있다. 구진마을의 천일염의 역사는 해방 후에 시작된다. 일제 식민지 때 일본인들이 염전 공사를 착수하였으나, 해방이 되어 방치 되었다. 이것을 해방 후 공사를 완성하고, 남선염업주식회사南鮮鹽業株式會社를 창립하였다. 구진마을과 남선염업주식회사의 위치는 도 1 지도와 같다. 염전 건설 공사 당시 일본인이 살던 일본주택이 지금도 남아있다〈도 2〉.

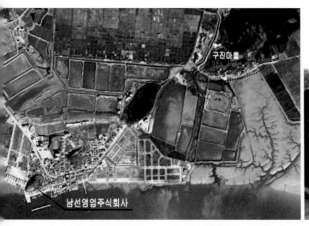

〈도 1〉 **남선염업주식회사** 구진마을과 남선염업주식회사의 위치다.

〈도 2〉 **일본식 주택** 남선염업주식회사 앞에 지은 일본식 집이다. 지금은 염전업 관계자가 살고 있다.

『한국수산지』에 기재된 한국 최초의 천일염의 염전의 구조는 다음과 같다.

주안출장소는 경기도 인천부 주안면 십정리에 있다. 인천항에서 동북쪽으로 2리 반이다. 천일염 제염의 시험을 목적으로 한다. 그 설비는 왼쪽과 같다.

朱安出張所は京畿道仁川府朱安面十井里ある。仁川港を距る東北に二里半なり。天日製鹽の試驗を目的とす。其設備は左の如し。

〈도 3〉 주안 출장소의 제염지 구조(『한국수산지』)

天日製鹽田　総面積　六千坪(二町歩)		천일염 총면적 6천평(2정보)	
内訳		내역	
第一蒸発池	千八百坪	제1증발지	1,800평
第二蒸発池	五百八十坪	제2증발지	580평
仝上付属鹹水溜	二十六坪	동상부속함수지	26평
結晶池	三百二十坪	결정지	320평
仝上付属鹹水溜	六十四坪	동상부속함수지	64평
畦畔及溝渠等	百九十二坪	둑과 수로 등	192평
貯水池	千三百五十坪	저수지	1,350평
堤防	千六百五十坪	제방	1,650평

한국 최초의 천일염전의 구조는 제1증발지, 제2증발지, 결정지, 저수지, 함수지 등으로 구성되어 있다.

구진마을의 염전에 대해서 이한영씨(1941년생, 남)의 경험을 바탕으로 살펴보았다. 이한영씨는 17살 때부터 천일염과 인연을 맺고 살아왔다. 현재는 천일염을 판매하고 있다.

구진마을의 천일염의 제염 과정은 다음과 같다.

바닷물(저수지)　→　제1증발지　→　제2증발지　→　결정지

제1증발지를 지역어로 '난치', 제2증발지는 '느티'라고 한다.

염도 약 1~2도의 바닷물을 염전의 증발지에서 단계적으로 증발시켜, 결정지에서 25도가 되면 소금을 낸다. 염전은 전부 14칸이다. 제1증발지가 6칸, 제2증발지가 4칸, 결정

지가 4칸이다. 제1증발지에서는 6~7도, 제2증발지에서는 22도까지 염도를 높인다. 결정지는 소금을 결정시키는 곳 2단과 소금을 내는 곳 2단으로 되어 있다. 염도 25도가 되면 소금이 된다. 날씨에 따라 차이가 있으나, 바닷물이 소금이 되기까지는 14~15일 걸린다.

남선염업주식회사에서 관리하는 염전의 면적은 81정이었다. 제염 작업의 기본 규모는 5정(75마지기)이다. 이 지역에서는 1마지기가 200평이니 5정은 15,000평이다. 이것을 '1부'라고 하였고, 5명이 작업을 하였다. 1부에서의 염전 작업자鹽夫의 구성은 다음 표와 같았다〈도 4〉.

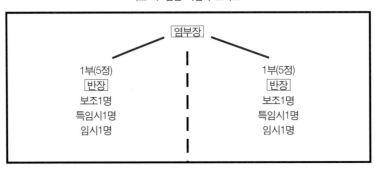

〈도 4〉 염전 작업자 조직표

'반장'은 결정지에서 소금을 내는 작업을 한다. '보조'와 '특임시'는 주로 증발지의 물을 내리는 일을 하고 '임시'는 지시에 따라 여러 가지 일을 한다. '염부장'은 두 개의 '부'를 관리했다. 회사에서 쌀을 염부장에게 주고 염부장은 식사와 간식을 담당했다.

농사일에 새참을 먹는 것과 같이 염전에서의 일도 육체노동이 많으니까, 오후 3시에서 4시 사이에 간식을 먹었다. 간식은 쌀밥이었다.

월급은 당시 쌀 또는 돈으로 받았는데, 임시직일 경우 1달 월급을 쌀로 받으면 3~4식구가 먹고 살았다. 그 당시는 보리밥을 주식으로 먹던 시절이었으나, 염전에서 일하는 사람은 쌀밥을 먹었다.

각 부 중에서 작업 능력이 우수한 1등에서 3등까지의 부에게는 보너스를 주었다. 1등일 경우 제주도 여행도 보내 주었다.

제4장

천일염의 도구

  염전에서 사용하는 도구는 회사에서 전부 제공해 주었다. 회사에 목수간이 있어서 도구의 수리를 담당했다. 목수간에는 2명의 목수가 있었다.

  염전에서 사용하는 도구의 종류와 시설은 다음과 같다.

〈도 1〉 **수레차** 수레차(수차)는 지금은 사용하지 않지만, 예전에는 수차가 해조마다 있었다. 수차 하나의 값은 쌀 3가마니였다. 수차를 만드는 일은 정교한 기술이 필요하다. 회사에 있던 목수는 수차를 수리는 하였으나 만들지는 못했다.

| 1 | 2 |
| 3 | 4 |

1 〈도 2〉 **대패 1** 판자는 소나무이고, 고무는 자전거 타이어를 잘라서 붙였다. 1부에 5개씩 있었다. 판자의 폭은 12.8cm, 가로는 171.5cm, 전체 길이는 167.0cm다. 결정지에서 소금을 낼 때, 소금을 밀어서 모은다. 그리고 증발지의 물을 빼고 건조시킬 때 사용한다.

2 〈도 3〉 **대패 2** 판자의 폭은 13.0cm, 가로 길이는 68.5cm, 전체 길이는 182.0cm다. 대패 1보다 전체길이는 길고, 판자의 가로 길이는 짧다. 염판의 중앙은 편편하고 주변은 깊이가 깊다. 염판의 중심부는 판자 부분이 긴 대패 1로 밀고, 주변은 대패 2를 사용한다. 증발지 바닥의 물을 비우고 건조시키는 것을 "감난다"라고 한다.

3 〈도 4〉 **롤러** 증발지 바닥의 흙을 다질 때 사용한다. 롤러는 시멘트로 만들었는데, 세 종류가 있다. 200근 롤러는 2명이 끌고, 300근은 2~3명, 500근은 3명이 끈다. 제2증발지에서 주로 사용한다. 증발지의 물을 빼고 대패로 밀어 감내고 나서 롤러를 끌면서 염판을 다진다.

4 〈도 5〉 **뽀매** 반장이 염도를 측정할 때 사용하는 '뽀매'는 육염을 만들 때 사용하는 것과 같다

	1	
2	3	4

1 〈도 6〉 **곰베** 소금 꽃이 뜨는 것을 가라앉힐 때 사용한다. 판자 부분은 지금은 나무지만, 예전에는 대나무로 사용하였다. 대나무가 좋다. 판자의 폭은 10.0㎝, 가로 길이는 59.0㎝, 전체 길이는 241.0㎝다.

2 〈도 7〉 **각삽** 결정지에서 소금을 낼 때, 대패로 소금을 밀어 모으고 각삽으로 퍼서 운반한다. 각삽은 소금을 가마니에 담을 때도 사용한다. 삽날 부분의 가로 폭은 14.0㎝, 높이는 19.8㎝, 전체 길이는 155.5㎝다.

3 〈도 8〉 **염삽** 중발지 주변가에 흙을 깎는 데 사용한다. 각삽보다 삽날의 크기가 작다.

4 〈도 9〉 **양삽** 흙을 퍼서 담을 때 사용한다. 예전에는 지게의 바작(발채)에 흙을 담을 때 사용했다. 삽날 부분의 가로 폭은 22.2㎝, 높이는 28.0㎝, 전체 길이는 92.5㎝다. 손잡이 부분을 변형시킨 모양이다. 손잡이의 가로 길이는 16.2㎝다.

〈도 10〉 바작

싸리로 만든 것으로 흙을 운반할 때 지게에 얹어 사용했다. 지게와 바작(발채)은 구진마을의 김귀례씨(1935년생, 여)댁의 것이다. 지게는 1부에 3-4개 있었다. 증발지와 배수지의 흙을 나를 때 사용했다. 지금은 염전에서는 사용하지 않는다.

〈도 11〉 빗자루

염판 바닥에 때를 벗길 때 사용한다.

〈도 12〉 물코막이

흙을 헝겊으로 싸서 만든 것이다. 요즘에는 검은 비닐로 싼 것도 있다.

〈도 13〉 플라스틱 물코막이

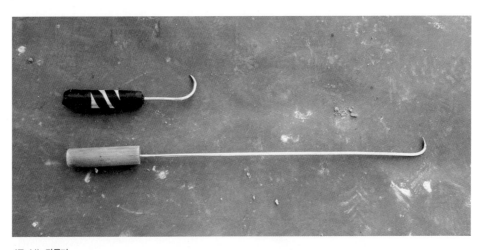

〈도 14〉 갈쿠리
작은 갈쿠리(갈고리)는 소금 가마니를 옮길 때 사용한다. 고리 부분의 직경 5.0cm, 손잡이 부분의 길이 12.0cm, 전체 길이 22.0cm다. 긴 갈쿠리는 물코를 틀 때 사용한다. 고리 부분의 직경 3.5cm, 손잡이 부분의 길이 11.5cm, 전체 길이 67.5cm다.

1
2

1 〈도 15〉 소금 가마니의 운반 작은 갈쿠리로 소금 가마니를 옮기는 모습이다.
2 〈도 16〉 물코를 트는 모습 긴 갈쿠리로 물코를 틀 때 모습이다.

1 〈도 17〉 멀리서 본 해조 / 2 〈도 18〉 해조의 내부

〈도 17, 18〉은 증발 시킨 바닷물을 비가 올 때 임시 보관하는 저장고다. 해조 바닥은 윗부분이 넓고 밑 부분이 조금 좁은 모양이다. 〈도 18〉는 농축한 소금물을 보관하고 있는 해조 내부다. 해조는 예전에는 제2증발지에 4개, 결정지에 4개 있었으나, 지금은 결정지에만 있다.

| 1 |
| 2 |

〈도 19〉 (위)결정지 결정지 바닥의 2칸은 타일(왼쪽)이고, 나머지 2칸에는 옹기조각(오른쪽)을 깔았다. 타일바닥의 결정지에서 소금을 낸다.
〈도 20〉 (아래)결정지의 옹기 조각 결정지에 옹기 조각을 깔 때, 옹기를 깨어 그 조각을 잘 맞추어 깔았다. 이 일은 여자들이 했다.

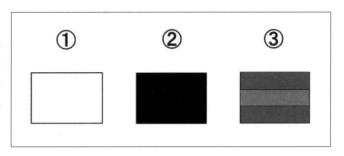

<도 21> 깃발
예전에는 사각 헝겊의 깃발이 3종류 있었다. 멀리서도 볼 수 있게 신호를 보내는 깃발이다. ①은 흰 깃발로 날씨가 맑은 날, ②는 검은 깃발로 흐린 날, ③은 간식 깃발로 3~4시의 간식 시간을 알리는 깃발이다. 상하는 파란색 줄이고 가운데는 빨간색 줄이다. 간식 깃발은 염부에게 무척이나 반가운 깃발이었다.

<도 22> 염전 창고 해방 후에 지은 건물로 60년이 넘었다. 나무는 소나무이고, 벽은 비스듬하게 밑이 넓고 윗부분을 좁게 지었다. 소나무에는 부패 방지로 콜타르를 칠했다. 무게가 있는 소금 가마니를 보관 할 때, 직각 벽이면 소금 가마니의 무게로 벽이 무너질 우려가 있다.

<도 23> 염전 창고의 내부 소금 가마니는 하나가 20kg이다.

제5장

마무리

구진마을의 육염 만들기는 한식(4월 5일경) 무렵부터 시작된다. 장마 때는 갯벌을 말릴 수가 없으니까 쉬고, 처서(8월 23일경) 때까지 소금 만들기를 하였다. 약 4개월 동안 3~4회 소금을 구울 수 있었다.

육염 만들기는 크게 두 단계로 구분된다. 첫째는 갯벌에서 바닷물을 농축시켜 소금물을 만드는 단계고, 둘째는 소금물을 벌막으로 운반하여 가마솥에서 졸여내는 단계다. 갯벌에서 바닷물을 농축시키는 과정도 두 과정을 걸친다. 갯벌을 써레로 갈아 말려서 염분을 건조 농축시켜 염토로 만든다. 다음은 섯등에서 염토에 바닷물을 부어서 농축된 소금물을 만든다.

섯등은 자본이 필요하고 재정 능력이 있으면 2개 이상의 섯등을 소유하는 경우도 있다. 육염 만들기를 "염분을 굽는다"고 하였다.

구진마을은 주변에 산이 있어서 소금을 굽는데 필요한 땔감을 구하는데 그다지 어렵지 않았다. 현금수입을 위해 땔감을 해서 가지고 오는 사람들이 많았다. 이런 사람들이 벌막 앞에 줄을 섰다. 수요와 공급이 균형적으로 이루어졌던 것이다.

구진마을의 김평수씨는 곰소만(옛 줄포만) 소금이 좋은 이유는, 곰소만의 갯벌은 사질토 성분은 거의 없는 점토粘土로 된 갯벌이었기 때문이라고 설명한다. 섯등의 구조와 갯벌갈이 방법은 구진마을의 갯벌이 점질토라는 특성과 깊게 연관되어 있다.

갯벌에 사질이 많이 함유되어 있는 경우는 갯벌갈이를 할 때 바닷물을 뿌려준다. 곰소만의 갯벌은 사질성이 거의 없고 점도가 강해서 함수율이 높아서 바닷물을 뿌리지 않아도 된다.

구진마을의 천일염전은 해방 전 일본인이 시작하였다가 해방으로 인해 미완성 상태의 것을 해방 후에 완성시켜 남선염업주식회사를 창립하였다. 구진마을 천일염의 제염 시기는 양력 3월부터 12월 10일까지다. 제염 작업의 기본 면적은 5정으로 15,000평이다. 예전에는 5정에서 1년간 소금을 1,200~1,400가마니(1가마니는 20kg)를 생산하였다.

천일염을 만들 때에는 10일에 한번쯤 비가 오는 것이 좋다. 염전에 먼지도 씻기고 쉴 수도 있다. 그러나 육염 만들기는 비가 오면 안 좋다. 날씨의 영향을 크게 받는 육염은 날씨를 좋게 해달라는 섯등고사와 벌막고사를 지냈다. 섯등고사는 한식 후 섯등에서, 벌막고사는 벌막에서 제물을 마련하여 간단하게 지냈다.

자염은 전통적인 소금 생산방식이다. 천일염은 20세기 초에 도입된 것으로 현재 소금을 생산하는 염전은 대부분이 천일염전이다. 천일염은 바닷물을 염전에서 단계적으로 증발시켜 소금을 만드는 것으로 생산방식이 대동소이하다. 그러나 자염은 지리적 환경, 기후, 토질에 따라 섯등의 구조, 갯벌갈이의 방법 등이 다르다. 도구와 시설의 용어도 지역에 따라 다르다. 구진마을의 경우, 모래가 거의 없는 점질토의 갯벌이기에 가래질하는데 5~11명의 많은 인원이 필요했다. 또한 소금물을 운반하는 물통의 형태를 밑 부분이 넓게 하였고, 써레질을 할 때 갯벌에 바닷물을 뿌리지 않았다.

이와 같이 자염은 지역적 특성이 강하다. 이러한 지역적 특성을 고찰하는 관점에서 자염 제염법의 연구가 필요하다.

부록

제1장

김포 사람들의 통과의례에 관한 민속

김포 사람들의 통과의례에 관련된 민속 중 출산, 혼례, 상례에 대해서 사례를 중심으로 살펴보았다.

1. 출산에 관한 민속

1) 태胎와 등겨

현재는 병원에서 출산을 하는 것이 일반적이고, 이 경우 태반은 병원 측에 의해서 처리되는 대상이 된다. 산모나 가족들이 태반을 접하는 기회가 거의 없고 태반에 대한 인식도는 낮다. 그러나 집에서 출산을 했던 시절에는 가족이나 친지에 의해 태는 소중히 다루어졌다. 태를 다루는 방법은 지역마다 특징적이다. 김포의 경우를 사례를 통해서 보기로 한다.

〈사례 1〉 월곶면 보구곶리의 임옥순씨(1921년생, 여)
태는 출산 후 3일째 되는 날 마당 가운데서 등겻불로 태운다. 태를 태운 가루는 약으로도 쓰였다.

〈사례 2〉하성면 전류리의 김연순씨(1933년생, 여)

마당 깨끗한 곳에서 겻불로 천천히 태운다. 이것을 "삼불 핀다"라고 한다. 혹시 없어지거나 잘못되지 않도록 지켜서 태운다.

〈사례 3〉월곶면 용강리 윤자일씨(1935년생, 남)

윤씨는 동생 출산 시 동생의 태를 태웠다. 예전에는 짚을 깨끗이 추려서 깔고 출산을 하였다. 태를 짚에 싸 두었다가 출산 후 3일날 마당에서 장작과 등겨를 놓고 태웠다. 등겨가 불이 오래간다. 다 타면 한꺼번에 버리지 않고 재를 조금씩 길옆에 솔솔 뿌렸다.

〈사례 4〉양촌면 흥신리의 윤영석씨(1935년생, 남)

출산 후의 태는 마당 깨끗한 곳에서 '메지미겨'로 태운다. 이곳에서는 등겨를 메지미겨라고 한다. 태를 누가 가져가면 안 좋다고 지켜 태웠다.

김포 지역에서는 태를 주로 태웠고 이것을 삼불을 피운다고 했는데, 마당 깨끗한 곳에서 정성껏 태웠다는 것을 사례를 통해서 알 수 있다. 그리고 〈사례 1〉에서 태를 태운 가루를 약으로 사용되는 경우가 있다고 하듯이 태를 몰래 가져가는 사람이 있었기에, 〈사례 2, 3〉에서와 같이 지켜서 태웠다. 태를 태울 때 주로 등겨를 이용했다는 것은 김포지역이 논농사가 활발했었다는 것을 나타내기도 한다.

2) 인줄과 황토

김포 지역에서는 출산을 하면 대문에 인줄을 치거나 황토를 놓는 민속이 있었다.

〈사례 5〉 월곶면 보구곶리의 최순영씨 (1920년생, 여)

이곳에서는 출산을 하면 진흙을 파다가 대문 앞에 놓았다. 진흙은 황토라고 하는데, 주로 시아버지가 산에 가서 황토를 퍼 와서 놓는다. 아들을 낳으면 7군데, 딸을 낳으면 5군데 황토를 놓았다. 출산 후 사람들이 드나들면 애기가 탈이 날 수 있으니까 어린 아기에게 부정 타지 않게 출입을 삼가라고 표시해 놓는 것이다.

〈사례 6〉 하성면 전류리의 김연순씨 (1933년생, 여)

출산을 하면 볏짚으로 왼 새끼를 꼬아 대문에 걸었다. 이것을 "인줄 띤다"고 하였다. 아들 출산 시는 고추, 딸은 숯과 솔잎을 인줄에 꽂아 놓는다. 인줄은 삼칠일 걸어 놓는다. 또는 빨간 흙을 대문 앞에 놓는 집도 있었는데 이것을 "황토 피운다"라고 한다. 산에 깨끗한 곳에 가면 새빨간 흙이 있는데 이런 흙을 떠다 놓았다. 이러한 것은 부정한 사람 들어오지 못하게 하는 것인데, 특히 애들은 들어오지 못하게 하였다. '동자 부정'이라 하여 부정이 제일 세다고 하였다.

〈사례 7〉 월곶면 용강리의 정해일씨 (1936년생, 남)

출산을 하면 인줄을 띠우거나 황토를 피웠다. 인줄은 금줄이라고도 한다. 인줄과 황토는 행인이나 모르는 사람이 왔다가도 실수로라도 들어가지 말라고 표시해 놓는 것이다. 또한 상주나 상갓집에 다녀온 사람, 개고기 먹은 사람 등은 들어가서는 안된다. 애기가 부정 탄다고 한다.

아들을 낳으면 5군데, 딸은 4군데 대문 앞에 황토를 피운다. 인줄을 띠우기 전시대에는 대부분이 황토를 피웠다. 인줄보다 황토 피우는 습속이 오래되었다.

이 지역에서 진흙이란 점토粘土가 아니라 붉은 흙을 뜻한다. 주지하는 바와 같이 붉은 색이 벽사僻邪기능을 상징하는 것은 세계적으로 나타난다.

3) 마마신

의료 대책이 없었던 시대에 천연두와 같은 전염병은 어린아이의 생명을 위협하는 가장 무서운 질병이었다. 천연두를 속칭 '마마'라고 하는데, 마을에 마마가 돌면 아이들의 사망률이 높았기에 두려운 존재로 마마신을 모시는 민속이 있었다.

김포에는 마마신에 관한 다음과 같은 사례가 있다.

〈사례 8〉 월곶면 용강리의 윤자일씨(1935년생, 남)

마마가 마을에 돌기 시작하면 정수와 여물을 쑤어서 그릇에 각각 담아 놓고 마마신께 빌었다.

"소 같이 무지한 사람들이니 마마신께서 가여히 여기셔서 곱게 낳게 해 주십시오"라고 빈다.

윤씨 동생이 마마에 걸렸을 때 윤씨 어머니가 이와 같이 빌었다.

〈사례 9〉 월곶면 용강리의 권태순씨(1937년생, 여)

마마가 다 나아갈 때 어린애 얼굴에 마마 자국인 부스럼에 백설기 떡을 찍어서 버린다. 이것을 '마마떡'이라 하였다.

4) 애총

애총이라는 표현은 전국적으로 넓게 분포한다. 김포의 애총에 대한 사례는 다음과 같다.

〈사례 10〉 월곶면 용강리의 정해일씨(1936년생, 남)

어린아이 사망 시에는 성인과는 달리 매장하였고 어린아이 무덤은 애총이라 하고 묻는 곳이 따로 있었다.

〈사례 11〉 월곶면 용강리의 윤자일씨(1935년생, 남)

어린아이 사망 시 관은 만들지 않고 무덤은 봉분 없이 만들었다. 어린아이 묻는 곳을 애총지라 하였다. 이곳은 산이 있어서 여우와 같은 짐승이 많았고, 여우가 어린아이 무덤을 파서 시신을 해하는 일이 많았다. 이를 방지하기 위해, 새끼를 꽈서 망을 떠서 무덤위에 덮고 그 위에 돌을 많이 올려 눌러 놓았다. 아이를 묻고 나서는 짐승이 파헤치지는 않았는지 한동안 가보았다.

2. 전통혼례와 숯검정

김포지역에서는 신부집에서 혼례를 치루고 그날로 신부를 데리고 신랑집으로 왔다. 혼례를 치루기 위해 신랑이 신부집에 도착하면 동네 사람들이 신랑에게 재를 뿌리거나 얼굴에 숯검정을 칠하는 민속이 있었다.

김포지역에 혼례에 관련된 특징적 사례는 다음과 같다.

〈사례 12〉 월곶면 용강리의 이영래씨(1925년생, 여)

이씨의 친정은 포내리이고 21살때 용강리로 시집왔다. 시집 올 때는 두 사람이 메는 가마를 타고 왔고, 가마를 메는 사람을 하님이라고 하였다. 신랑이 장가를 들기 위해 신부집에 도착하면 부엌에 들어가, 아궁지의 부뚜막에 오른다리를 걸치고 바가지에 국수를 담아 주걱을 거꾸로 국수 세 번 먹이는 관습이 있었다. 신랑은 말은 안하고 국수를 받아먹는다.

〈사례 13〉 월곶면 조광리의 신효철씨(1933년생, 남)

신랑이 장가들러 가면, 남의 동네 처녀 빼앗아 간다고 신부집 동네사람들이 신랑에게 재를 뿌렸다.

〈사례 14〉 하성면 마조리의 민성기씨(1935년생, 남)

장가 갈 때 신부집인 옆마을 후평리로 트럭을 타고 갔었다. 신부네 동네 사람들이 신랑에게 재를 뿌리고 신랑이나 신랑 들놀이로 따라온 친구들 얼굴에 숯검정을 칠했다. 다른 지방에서는 신부집에서 혼례를 하고 처갓집에서 첫날밤을 보내고 오곤하지만, 이 지역에서는 신부집에서 혼례를 치루고 그날로 신부를 데리고 온다.

〈사례 15〉 월곶면 용강리의 권태순씨(1937년생, 여)

통진면 고정리가 친정이고 트럭을 타고 용강리로 시집왔다. 신랑이 장가들러 오면 신부 동네 사람들이 신랑 얼굴에 숯검정을 칠하곤 했다.

3. 공동체 사회의 장례에 관한 민속

김포 지역에서는 초상 시에 마을 전체의 상부상조의 계가 있었다. 상포계(용강리, 개곡리, 조강리) 상조계(전류리, 마조리) 등 마을마다 명칭에 차이가 있으나, 마을 사람 전체가 참가하여 공동체적으로 장례가 치루어졌다. 초상집에 갈 때는 품앗이로 팥죽을 한 동이씩 가지고 가는 민속이 있었다.

〈사례 16〉 월곶면 보구곳리의 임옥순씨(1921년생, 여)

초상집 갈 때 품앗이로 팥죽을 한 동이 쑤어갔다. 팥죽은 염하기 전까지 다 먹어야 한다. 초상집에 다녀오면 부정하다고 변소간에 먼저 들렀다.

〈사례 17〉 하성면 마조리의 민성기씨(1935년생, 남)

초상집에 갈 때는 팥죽을 한 동이 쑤어갔고 밤샘할 때 야식으로 먹곤 했다. 또한 자기가 먹을 쌀 1되를 의무적으로 가지고 갔다. 이 마을에서는 상부상조의 장례 조직을 상조계라고 하였다.

〈사례 18〉 월곶면 용강리의 윤자일씨(1935년생, 남)

상여는 8~12명이 메었고 상여 메는 사람을 상두꾼이라 불렀다. 마을에 초상이 나면 백미 1되씩 가지고 상갓집에 갔다. 장지에 갈 때, 상여가 다리나 모퉁이를 돌아 갈 때는 사위나 조카에게 노자돈을 내라고 하는 장난이 있었다.

장사를 지내고 그 이튿날부터 지내는 초혼(첫날) 재혼(2일째) 삼혼제(3일째)가 있는 데 삼혼제 때는 시집간 딸이 송편을 빚어온다. 지금도 이런 풍습이 있어서 직접 만 들지 못할 경우에는 사서라도 마련해온다. 시아버님 초상 때는 친정집에서 지초와 시집간 딸이 입는 상복을 마련해 주는 것이 풍습이었다.

예전에는 나이 드신 어르신이 계신 집에서는 줄대를 베어서 다발로 만들어 응달 에 말려놓았다가 집안에 어른이 돌아가시면 관속에 보공으로 넣었다. 줄은 물가에서 길이 1~2m 정도로 자라는 청포와 비슷하게 생긴 풀이다.

제2장

구진마을 사람들의 통과의례에 관한 민속

구진마을 사람들의 통과의례에 관련된 민속 중 출산, 상례에 대해서 사례를 중심으로 살펴보았다.

1. 출산에 관한 민속

구진마을의 출생에 관한 민속에 대해서는 이순단씨(1931년, 여)의 사례를 통해서 살펴본다.

1) 삼신과 삼줄

출산 시는 삼신에게 밥을 차린다. 출산 시 지앙님네와 성주님께 아침과 저녁으로 밥, 미역국, 물을 차려 모신다. 미역국을 '첫국밥'이라한다. 출산 전에는 안산을 기원하고, 출산 후에는 아기와 산모의 건강을 빌었다. 지앙님네는 여신女神이라서 바닥에 벼를 깔고 그 위에 밥을 차리고, 성주님은 남신男神이라서 상에 밥을 차린다. 이렇게 산후 3일까지 모신다.

출산한 집에서는 삼칠일三七日 동안 삼줄을 치고, 아들이 태어난 집에서는 고추, 숯, 한지를 삼줄에 꽂고, 딸이 태어난 집에서는 솔잎과 한지를 꽂는다.

이 지역에서는 태는 주로 단지에 넣어 묻었다. 그리고 태어난 집이나 고향을 '탯줄'이라고 한다.

2) 당산제와 출산

당산제는 예전에는 음력 정월 초이튿날 모셨다. 당산제는 어업을 하는 사람들이 모셨다. 당산제를 모실 때, 마을에 출산이나 초상이 나면 마을이 궂어버리니까 그 해는 당산제를 지내지 않고 다음해로 넘어간다. 이러한 상황을 사전에 예방하기 위해서, 당산제를 모실 시기에 마을에 출산이 가까운 임신부가 있으면 임신부는 친정이나 친척집으로 나가 있었다. 약 45년 전에 당산제 지낼 때, 해산달인 부인이 당산제를 피해 친정에 가서 섣달그믐에 출산하고 돌아온 사례가 있다. 만약 당산제 때, 마을에서 출산을 하여 당산제가 중지되었을 경우, 출산한 집에서 제비祭費를 물어줘야 했다.

3) 첫 외출

삼칠일이 지나야 첫 외출을 하고, 첫 외출 시는 아기에게 잡귀가 달라 들지 말라고 아기의 이마, 코, 턱에 숯검정을 묻히고 나간다. 외가 집에 갈 때는, 소막牛舍에 먼저 들러 인사하고 나서, 외할아버지 외할머니께 인사를 드린다.

2. 공동체 사회의 장례에 관한 민속

구진마을의 장례 의례에 대해서는, 마을 장례 때에 집사를 했었던 김평수씨(1938년생, 남)의 경험을 바탕으로 정리하였다.

1) 임종에서 출상까지

(1) 초종과 염

구진마을에서는 7일장을 하는 경우도 있었으나, 보통 3일장을 지냈다.

임종 시 자식들이 곁에서 지켜보는 것을 '종신終身'이라 하고, 부모님이 운명殞命하시면 시신屍身이 굳기 전에 칠성판을 아랫목에 놓고 그 위에 반듯이 눕힌다. 칠성판은 소나무 판자이다. 한지를 비벼서 두 장씩 연결하여 줄을 7개 만든다. 또는 짚으로 왼새끼를 꼬아 새끼줄을 7개를 마련한다. 망인에게 삼베로 만든 수의壽衣를 입히고, 시신을 일곱 매듭으로 묶는다. 입관 시는 한지나 상복을 만들고 남은 베, 또는 짚을 관에 보공補空으로 사용하는데, 특히 머리를 잘 고정시킨다.

(2) 혼백올리기

운명을 하면 혼백을 물에 적셔 지붕에 던진다. 혼백은 망인이 남자일 경우는 하의, 여자일 경우는 상의를 말한다. 혼백을 던질 때는, "해동조선 구진마을 아무개 혼백 올라가네"라고 망인의 주소를 밝힌다. 혼백은 지붕을 넘어가면 안 좋고 중간에 걸쳐야 좋다. 이렇게 지붕에 올려놓은 혼백은 입관 후에 대나무대로 내린다.

유교 장례의식의 하나인 고복皐復에 대해서는, 『예기禮記』에 사람이 죽었을 때 "지붕 위에 올라가 혼을 불러 말하기를, 아무개여 돌아오라 하고 소리친다升屋而號告曰 皐某復"라는 기록이 있다. 이는 망인의 혼을 돌아오도록 하여 재생再生을 기원하는 의식이다.

타 지역에서는, 망인의 혼을 돌아오도록 망인의 주소와 이름을 부르면서 "복, 복, 복" 하고 세 번 외치는 의례가 많이 알려져 있다. 구진마을의 혼백 올리기는 고복이 변형된 것으로 보이나, 혼을 부르는 것이 아니라 혼백을 보내는 형식인 점이 특이하다.

(3) 사잣밥使者飯

마당에서 사자상使者床을 마련하여 큰며느리가 들고 나간다. 사자상의 제물은 밥 3그릇, 물, 소금, 삼실과三實果를 준비한다. 대문밖에 볏짚을 깔고, 준비한 제물을 볏짚 위에 놓고 밥은 엎어 그릇은 빼고 밥만 놓는다. 짚신도 세 켤레 놓는다.

(4) 대오레기

발인 전날 밤 상갓집에서 철야를 할 때, 마당에서 유대군이 빈상여를 메고 상주
는 상복을 입고 실제 하듯이 곡소리도 낸다. 이것을 '대오레기'라고 부르는데, 이는
유대군의 인원파악과 운상運喪의 발도 미리 맞춰보는 예행연습과 같은 것이다. 대오
레기는 저녁 식사 후 2~3시간정도 하고 11시쯤에 끝난다.

대오레기는 유대군에게 야참을 준비하는 등의 비용이 드니까 여유 있는 집에서
만 하게 되었다.

(5) 출관

출상하는 날 새벽에 성복제를 모신다.

아침을 먹고, 지관地官 등은 산으로 간다. 지관은 산세를 보고 뫼자리를 잡고, 망
인과 발인날과의 일진을 따져서 시간을 정한다.

상가喪家에서는 발인제 모시고, 방안에서 관을 들고 나온다. 출관 시에는 아들,
사위, 조카들이 관을 든다. 관은 베로 끈을 만들어 관을 드는데, 이 끈을 '절관'이라
고 한다. 관을 6~8명이 들고 방 모퉁이를 향해 관을 수평으로 왔다갔다 7번 흔들고
8번째에 "쎄!"하고 끝낸다. 네 모퉁이에 이와 같이 인사를 하고 방에서 관을 들고
나온다. 마루 앞에 대야에 물을 담아 놓고 이 물을 관을 들고 넘는다. 이는 저세상으
로 가는 강을 건너간다는 의미이다. 그 다음 엎어놓은 바가지를 발로 밟아서 깬다.

2) 운상運喪에서 탈상脫喪까지

(1) 위친계爲親契

상여를 메는 사람을 유대군이라 불렀고, 좌우로 4명 또는 6명씩, 즉 8~12명의 유
대군이 운상을 하였다. 운상 시는 상여 선두에서 선소리 1명이 풍경風磬을 울리고

소리를 하였다. 구진마을에는 선소리꾼이 없어서 다른 마을에서 불러왔다.

운상을 하는 조직을 이 지역에서는 '위친계'라 하였고, 장남만 위친계를 드는 것이 아니라 각 자식들이 부모를 위해 조직을 만든다. 위친계는 뜻을 같이 하는 사람끼리 대부분 12~15명으로 구성한다. 위친계원들은 초상이 나면 상갓집에 모여 돌아가신 날부터 사흘간(삼일장 일 경우) 모닥불을 피우고 철야를 하고, 발인제 후에는 장지까지 상여를 메고 운상을 한다.

김평수씨의 경우, 군대 제대하고 고향에 돌아와 25살 때 위친계에 들었다. 위친계원은 12명이었고, 그 당시 계장님과의 연령차가 20살 정도로 위친계원 중에 제일 어렸다. 김평수씨는 5형제 중에 3째였으나 부모님을 위해서 위친계를 들었다. 이 위친계는 지금부터 약 38년 전에 김평수씨의 부친상父親喪을 마지막으로 해체되었다. 위친계에는 계장과 재무財務, 서사書司가 있었다.

(2) 거리제

장지로 가는 길에 중간에 상여를 멈추고 제를 지낸다. 유대군들의 휴식도 겸하고, 문상에 늦은 사람은 이때 상주에게 조문을 한다.

거리제가 끝나면, 며느리와 딸(안상주)들은 집으로 돌아가고, 아들, 사위들은 장지로 향한다.

(3) 하관식

아들이나 사위가 하관을 한다. 지금은 석관을 쓰니까, 장지까지 모시고 간 관은 벗기고 미리 묻어둔 석관에 시신을 옮기지만, 예전에는 목관을 사용하였기에 목관 채 하관하였다. 관위에 명정銘旌을 덮고 아들 사위가 순서대로 흙을 한 삽씩 뿌리고 나서 흙을 평평하게 메운다.

(4) 평토제

지금은 야시으로 하니까 평토제를 생략하는 경우가 있으나, 예전에는 평토제를 크게 모셨다. 평토제는 직계 자손들만 모신다. 평토제가 끝나면, 봉분을 만들었다. 봉분이 완성되면 친족들이 다 모여 제사를 모신다.

장지에서 집으로 돌아올 때는, 부모님의 가신 길을 자손이 밟고 올 수 없기에 상여가 간 길과 다른 길로 돌아서 온다.

(5) 반혼제

집안의 장손이 혼백을 모신 영여靈輿틀을 장지에서 모시고, 큰 상주가 그 뒤를 따른다. 출상 후 상갓집에는 '영호(靈戶 또는 靈護)'를 마련한다. 이 마을에서는 빈소를 '영호'라고 한다. 영호는 동쪽에는 짓지 않고, 주로 서쪽에 짓는다. 영여틀을 영호에 모시고 큰 상주가 술을 따르고 혼백을 맞이한다.

(6) 탈상

예전에는 삼년상이었으나, 지금은 삼우제三虞祭 때 탈복한다. 탈복은 밤 11시부터 1시 사이에 한다. 탈복 시는 마당에 상을 차리고 밥은 없이 간단히 제사를 모신다. 마당에서 탈복하여 상복을 불에 태우고 마지막에 물을 담은 대야에 넣는다. 한쪽에 물을 담은 다른 대야를 놓고 탈복하고 나서 깨끗이 씻는다.

12시에서 1시 사이에 다시 제사를 모신다. 이때는 밥을 놓는다. 탈복 후 제사를 모실 때는, 혼백을 불러 모셔야 한다. 바가지에 쌀을 담고, 그 위에 지방을 써서 엎어 놓는다. 이것을 제상 밑에 놓고 마당에서 제사가 끝난 후, 큰 상주가 "아버님, 방으로 모십니다."라고 하고 쌀과 지방을 모신 바가지를 안고 방으로 들어간다. 방에는 작은 상에 삼실과와 술잔을 준비해 놓는다. 방으로 모신 지방은 지방틀에 모시거나 벽에 붙이고, 향을 피우고 인사를 드린다. 탈복이 끝나면 망인의 혼이 갈 곳이 없어지니, 이는 망인이 가셨다가 다음 해 제사 때 집을 잘 찾아오라고 모시는 제사이다. 그리고 지방을 불에 태운다. 지방을 태운 접시에 삼실과를 놓고 큰 상주가 대문밖에 가지고 나가서, "아버님, 편히 가셨다가 내년에 오십시요"하고 던진다.

아침이 되면 제사를 지내기 전에 영여틀을 뜯어서 태운다.

후기

　전통사회의 생활사는 연쇄고리와 같다. 산과 평야에는 산촌과 평야지역 사람들의 삶이 있고, 바닷가에는 갯마을 사람들의 삶이 있다. 그러나 산과 들, 그리고 바다는 연결되어 있다. 산촌 사람들이 채취한 산죽山竹은 바닷가 갯마을 사람들의 김 양식을 위한 김발로 사용되었고, 평야지역의 사람들은 넓은 농경지를 일구기 위해 산촌 사람들이 산에서 키운 소로 논밭을 갈았다.

　현대는 개인주의 사회이지만, 전통사회는 공동체 사회다. 각 지역에는 공동체 사회에서 살아가는 지혜가 있다. 서로 도와가며 협동해서 살기위한 계契와 같은 사회조직을 만들었고 그 조직을 운영하기 위한 규약을 만들었다. 이 책에서는 의성군 점곡면 사촌마을 사람들의 들조직과 못문서, 중계리의 송계에 대해 고찰했다. 이렇게 각 지역에는 공동체 사회를 운영하는 마을 문서가 있었다. 지금은 전통문화와 함께 하루하루 사라져가고 있다.

　앞으로 얼마나 전통문화를 기록할 수 있을까. 현장을 직접 다니면 언제나 사라져가는 전통문화에 대한 안타까움에 조급함이 앞선다. 지금 70~80대의 어르신들이 전통사회 서민 생활사의 선생님이다. 아직은 우리의 전통문화를 기록할 수 있다. 그러나 현대사회에서 지역연구의 환경은 어렵고 힘들다. 지역의 선생님과 만나기가 점점 어려워진다. 그래서 현장에서 훌륭한 선생님을 만났을 때는 모든 고생이 사라지고 큰 기쁨을 느낀다.

　지역문화의 연구자는 현장 답사가 필수다. 현장에 들어가서 지역에 대한 연구조사를 한다는 것은 배우는 입장이다. 현지 분들이 선생님이고 지역 연구자는 배우는 학생이다. 여기에 연구자의 신분이나 학력 등은 상관없다.

어느 지역에서 평생 살아오신 분은 누구보다도 훌륭한 그 지역의 대한 선생님이다. 그러나 현지 분들에게 그들의 생활 속에 특징은 너무나 일상적이고 평범한 것이다. 각 지역마다 사투리가 있듯이 각 지역의 특징이 있다.

지역 문화의 특징과 매력은 대부분 외부인에 의해서 발견된다. 그 지역에서만 오래 살아온 사람들에게는 그 지역과 다른 지역과의 차이점을 알기 어렵다. 여러 지역을 다니면 그 지역의 특징이 보인다. 이러한 지역문화의 다양한 특징은 우리가 후세에 남겨야 할 소중한 문화유산이다. 지역의 문화는 한국의 문화이기도 하고 인류의 문화이기도 하다.

이러한 지역의 문화를 후세에 남길 수 있도록 발굴하고 세상에 소개하는 것이 지역문화 연구자의 역할이고 사명이다.

앞으로 『서민 생활사의 전개』를 계속해서 이어 나가고자 한다.

참고문헌

鈴木榮太郎,『鈴木榮太郎著作集 朝鮮農村社会の研究』第Ⅴ巻, 일본 : 미래사, 1973.

조선총독부 농공상부 수산국,『한국수산지(韓國水産誌)』, 1908~1911.

石川武吉編,『조선의 천일염에 관한 자료』총설편(『朝鮮の天日製塩に関する資料』総説編), 일본 : 友邦協会,
　　　1983.

『세종실록지리지』.

『부안군지』1957.

찾아보기

이혜연李惠燕

아시아지역문화 연구소 소장, 일본 메이지 대학교 졸업, 동 대학원 문학석사 · 박사

논저

『어촌사람들의 생산과 민속』, 2013.

『제주도 전통문서의 목록과 해제』, 2011.

『한국 어촌사회와 공유자원 : 인천과 서해 · 남해 · 동해의 도서를 중심으로』, 공저, 2011.

「연재 물질을 통해서 보는 한국12 - 막걸리 - 」, 일본어, 『계간 동북학』, 2011.

「연재 물질을 통해서 보는 한국11 - 소나무 - 」, 일본어, 『계간 동북학』, 2011.

「연재 물질을 통해서 보는 한국10 - 절구 - 」, 일본어, 『계간 동북학』, 2010.

「연재 물질을 통해서 보는 한국9 - 금줄 - 」, 일본어, 『계간 동북학』, 2010.

「연재 물질을 통해서 보는 한국8 - 수저 - 」, 일본어, 『계간 동북학』, 2010.

「연재 물질을 통해서 보는 한국7 - 지게 - 」, 일본어, 『계간 동북학』, 2010.

「고문서로 보는 한국 촌락의 상계喪契조직에 대해서 - 조도 창리의 사례 - 」, 일본어, 일본 · 동
    북예술공과대학 동북문화연구센터 「연구 기요」, 2010.

「연재 물질을 통해서 보는 한국6 - 팥 - 」, 일본어, 『계간 동북학』, 2009.

「연재 물질을 통해서 보는 한국5 - 바가지 - 」, 일본어, 『계간 동북학』, 2008.

「연재 물질을 통해서 보는 한국4 - 고무신 - 」, 일본어, 『계간 동북학』, 2008.

「연재 물질을 통해서 보는 한국3 - 항아리 - 」, 일본어, 『계간 동북학』, 2008.

「연재 물질을 통해서 보는 한국2 - 메주 - 」, 일본어, 『계간 동북학』, 2008.

「태안반도와 그 주변 도서의 산막産幕에 대한 습속」, 일본어, 일본 · 동북예술공과대학 동북문
    화연구센터 「연구 기요」, 2008.

「연재 물질을 통해서 보는 한국1 - 빔 - 」, 일본어, 『계간 동북학』, 2007.